はじめに

本書は，「読解編」「リスニング編」の２編からなる中国語中級テキストです。

「読解編」は，“词语”“课文”“语法”“练习”の４つの部分によって構成されています。“词语”は“课文”を理解するために必要と思われる語句をリストアップしたもので，“课文”は中国人のものの考え方やふだんの生活を紹介する内容になっています。また，“语法”では中国語検定試験４級・３級で頻繁に問われる文法事項に焦点を合わせ，それに関連する重要語句・表現を取り上げており，“练习”では同試験４級・３級の出題形式にほぼ準じた練習問題を用意しました。

“课文”では漢字とピンインを別々に掲げました。学習者は最初は少し不便に感じるかもしれませんが，これによって漢字だけの文章を音読する練習ができ，よりよい学習効果を得ることができます。

「リスニング編」は，“词语”と“练习”の２つの部分によって構成されています。“词语”は“练习”で使用されている主な語句を取り上げたもので，あらかじめこれを一とおり学習しておけば，リスニングがスムーズにできるようになります。なお，学習意欲を高めるために，初級段階で既に学習した語句には訳語を付けていません。“练习”では，まず文章（第９課は対話）が読まれますが，これは中国語検定試験４級･３級のリスニングの文章･対話と同程度の分量・難易度になっています。ここでは，まずこの文章の内容に基づく質問に四者択一で答え，次に文章全体を書き取る内容となっています。

なお，補充教材として，教授用資料に「読み物」を６編用意しました。これらにも文章の後にピンインと“词语”を付けています。

本書は，教授者の授業目標や授業時間に合わせ，次のいずれかの方法でご使用いただけると思います。

1.「読解編」と「リスニング編」を授業内容とし，「読み物」を“课外作业”とする
2.「読解編」を授業内容とし，「リスニング編」と「読み物」を“课外作业”とする
3.「リスニング編」を授業内容とし，「読解編」と「読み物」を“课外作业”とする

このように，本書は中級レベルの授業に柔軟に対応でき，かつ前述のように中国語検定試験４級・３級のレベル・出題形式にも十分配慮した内容となっていますので，大いにご活用いただければと思います。

最後に，本書の出版にあたり，光生館社長中川誠一氏より全面的なご支援をいただきました。また，同社編集部林雅夫氏には編集の段階においてさまざまなアドバイスをいただきました。衷心より感謝いたします。

2017 年 11 月

著　者

※本書の原本は、2017 年に光生館から刊行されました。光生館との出版契約が終了し、白帝社から刊行することとなりました。刊行にあたっては、表紙の仕様、前書き等について変更を加えました。　2023 年

目　次

＊＊読　解　編＊＊

本書の音声について

本書でマーク がついた部分の中国語は，白帝社ホームページ内の本書のページから，音声データ（MP３）をダウンロードして聞いてください。

吹込み：凌慶成·李洵

https://www.hakuteisha.co.jp/news/n54342.html

※各機器と再生ソフトに関する技術的なご質問は，各メーカーにお願いいたします。
※ダウンロードが不便な場合は，実費にて CD に音声を入れてお送りします。下記までご連絡ください。

（株）白帝社　電話 03-3986-3271　E-mail: info@hakuteisha.co.jp

各課の「词语」欄では，品詞は次の略号で示しました

略号	品詞名（括弧内は中国語表記）
名	名詞（名词）
方	方位詞（方位词）
動	動詞（动词）
助動	助動詞（助动词）
形	形容詞（形容词）
数	数詞（数词）
助数	助数詞（量词）
数量	数量詞（数量词）
代	代(名)詞（代词）
副	副詞（副词）
前	前置詞（介词）
接	接続詞（连词）
助	助詞（助词）

読解編

第1课 留学 Liúxué

词 语

2

山田太郎 Shāntián Tàiláng 名 山田太郎
所 suǒ 助数 家屋・学校・病院などを数える
为了 wèile 前 ～のために ⇒ 语法 1
尽快 jǐnkuài 副 なるべく早く．できるだけ早く
提高 tígāo 動 高める．向上させる
自己 zìjǐ 名 自分
水平 shuǐpíng 名 レベル
打算 dǎsuan 助動 ～するつもりだ．～する予定だ ⇒ 语法 2
不过 búguò 接 ただし．ただ．でも
想好 xiǎnghǎo　よく考える
城市 chéngshì 名 都市．都会
建议 jiànyì 動 名 提案する．意見を出す．提案
历史 lìshǐ 名 歴史
悠久 yōujiǔ 形 悠久である
政治 zhèngzhì 名 政治
文化 wénhuà 名 文化
中心 zhōngxīn 名 中心．センター
不但～而且～ búdàn～érqiě～　～だけではなく～．～ばかりでなく～ ⇒ 语法 3
许多 xǔduō 数 多い．たくさん
长城 Chángchéng 名（万里の）長城
故宫 Gùgōng 名 故宮
颐和园 Yíhéyuán 名 頤和園
王府井大街 Wángfǔjǐng dàjiē 名 王府井大街
～等 ～děng 助 ～など
名胜古迹 míngshèng gǔjì　名所旧跡
跟～一说 gēn～yì shuō　～にちょっと話すと．～に話してみると ⇒ 语法 4
父母 fùmǔ 名 父母．両親
认为 rènwéi 動 ～と考える．～と思う
选择 xuǎnzé 動 選択する．選ぶ
参考 cānkǎo 動 参考にする
决定 juédìng 動 決める．決定する
～以后 ～yǐhòu 方 ～した後．～してから
除了～以外 chúle～yǐwài　～を除いて．～以外．～のほか ⇒ 语法 5
利用 lìyòng 動 利用する
节假日 jiéjiàrì 名 祝日と休日．休みの日
到处 dàochù 副 至る所．あちこち
转 zhuàn 動 回転する．（周囲を）回る
品尝 pǐncháng 動 味をみる．味わう
地道 dìdao 形 本場の．正真正銘の
中餐 zhōngcān 名 中華料理．中国料理
另外 lìngwài 接 そのほか．それから
期间 qījiān 名 期間．間
学会 xuéhuì　マスターする．身につける
包 bāo 動 包む．（ギョーザを）作る

课　文

3

[1]我叫山田太郎，[2]现在在一所大学里学习汉语。[3]**为了**❶尽快提高自己的汉语水平，[4]我**打算**❷明年去中国留学。[5]不过，现在还没有想好去哪一个城市。[6]我朋友建议我去北京。[7]他说北京历史悠久，[8]是中国政治文化的中心。[9]**不但**❸→有许多有名的大学，[10]**而且**←❸还有长城、故宫、颐和园和王府井大街等名胜古迹。[11]回家**跟**❹→父母**一说**←❹，[12]他们也认为去北京是一个不错的选择。[13]参考大家的建议，[14]我决定去北京留学。

[15]去了北京以后，[16]**除了**❺→学好汉语**以外**←❺，[17]我还想利用节假日到处转一转，[18]品尝一下儿地道的中餐。[19]另外，留学期间还想学会包饺子。

[1]Wǒ jiào Shāntián Tàiláng, [2]xiànzài zài yì suǒ dàxué li xuéxí Hànyǔ. [3]Wèile jǐnkuài tígāo zìjǐ de Hànyǔ shuǐpíng, [4]wǒ dǎsuan míngnián qù Zhōngguó liúxué. [5]Búguò, xiànzài hái méiyou xiǎnghǎo qù nǎ yí ge chéngshì. [6]Wǒ péngyou jiànyì wǒ qù Běijīng. [7]Tā shuō Běijīng lìshǐ yōujiǔ, [8]shì Zhōngguó zhèngzhì wénhuà de zhōngxīn. [9]Búdàn yǒu xǔduō yǒumíng de dàxué, [10]érqiě hái yǒu Chángchéng、Gùgōng、Yíhéyuán hé Wángfǔjǐng dàjiē děng míngshèng gǔjì. [11]Huí jiā gēn fùmǔ yì shuō, [12]tāmen yě rènwéi qù Běijīng shì yí ge búcuò de xuǎnzé. [13]Cānkǎo dàjiā de jiànyì, [14]wǒ juédìng qù Běijīng liúxué.

[15]Qùle Běijīng yǐhòu, [16]chúle xuéhǎo Hànyǔ yǐwài, [17]wǒ hái xiǎng lìyòng jiéjiàrì dàochù zhuàn yi zhuàn, [18]pǐncháng yíxiàr dìdao de zhōngcān. [19]Lìngwài, liúxué qījiān hái xiǎng xuéhuì bāo jiǎozi.

语　法

❶ 为了

为了锻炼身体，他每天早晨六点就起床。
Wèile duànliàn shēntǐ, tā měi tiān zǎochen liù diǎn jiù qǐchuáng.

我们为了减肥，尽量少吃油腻的。
Wǒmen wèile jiǎnféi, jǐnliàng shǎo chī yóunì de.

❷ 打算

他们打算明天一起去看电影。
Tāmen dǎsuan míngtiān yìqǐ qù kàn diànyǐng.

小李和小王打算去法院工作。
Xiǎo Lǐ hé xiǎo Wáng dǎsuan qù fǎyuàn gōngzuò.

❸ 不但～而且～

这儿的东西不但价钱便宜，而且质量也很好。
Zhèr de dōngxi búdàn jiàqian piányi, érqiě zhìliàng yě hěn hǎo.

他不但会法语，而且还会汉语。
Tā búdàn huì Fǎyǔ, érqiě hái huì Hànyǔ.

❹ 跟～一说（～就～）

今天跟他一说，他就同意了。
Jīntiān gēn tā yì shuō, tā jiù tóngyì le.

我们刚跟田中一说，田中就生气了。
Wǒmen gāng gēn Tiánzhōng yì shuō, Tiánzhōng jiù shēngqì le.

❺ 除了～以外

今天除了小王以外，大家都来了。
Jīntiān chúle xiǎo Wáng yǐwài, dàjiā dōu lái le.

我们除了有经济学课以外，还有哲学课。
Wǒmen chúle yǒu jīngjìxué kè yǐwài, hái yǒu zhéxué kè.

练　习

1 次の語句を声調の組み合わせによって４つのグループに分けなさい。

建议　决定　利用　历史　学会　选择　政治　文化
城市　汉语　品尝　另外　父母　水平　有名　自己

(1) ＿＿＿＿＿＿＿＿＿＿＿＿　(2) ＿＿＿＿＿＿＿＿＿＿＿＿

(3) ＿＿＿＿＿＿＿＿＿＿＿＿　(4) ＿＿＿＿＿＿＿＿＿＿＿＿

2 次の文の空欄を埋めるのに最も適当なものを①～④の中から１つ選びなさい。

(1) （　　　　）星期天（　　　　），我每天都来学校。
（　　　　）xīngqītiān（　　　　）, wǒ měi tiān dōu lái xuéxiào.

① 除了，以外　② 不过，还是　③ 以外，以后　④ 等，以后

(2) 他（　　　　）喜欢唱歌，（　　　　）还喜欢跳舞。
Tā（　　　　）xǐhuan chàng gē,（　　　　）hái xǐhuan tiàowǔ.

① 也是，不过　② 了，以后　③ 还，学会　④ 不但，而且

(3) （　　　　）能买到最新款式的手机，他今天起得很早。
（　　　　）néng mǎidào zuì xīn kuǎnshì de shǒujī, tā jīntiān qǐde hěn zǎo.

① 不但　② 为了　③ 不过　④ 另外

(4) 小杨（　　　　）她（　　　　），她就会来的。
Xiǎo Yáng（　　　　）tā（　　　　）, tā jiù huì lái de.

① 除了，要　② 另外，也　③ 跟，一说　④ 跟，去

(5) 今年暑假你（　　　　）跟谁去旅游？
Jīnnián shǔjià nǐ（　　　　）gēn shéi qù lǚyóu ?

① 不好　② 不错　③ 也在　④ 打算

3 次の日本語の意味に合う中国語を①～④の中から１つ選びなさい。

(1) 夏休みに中国語を勉強するのはとてもよい考えです。

① 暑假学习汉语是一个很好的想法。

② 暑假学习汉语是很好一个的想法。

③ 暑假汉语学习是一个很好的想法。

④ 暑假学习汉语的是一个很好想法。

(2) 私は東京の大学に進学したいことを父に話しました。

① 我想说了跟爸爸去东京上大学的想法。

② 我说了想法想去东京上大学的跟爸爸。

③ 我想跟爸爸去东京上大学说了的想法。

④ 我跟爸爸说了我想去东京上大学的想法。

4 次の日本語の意味になるように，①～⑤を並べ替えなさい。

(1) 彼も北京へ留学に行かなければならないと思っています。

他也 ________ ________ ________ ________ ________ 。

① 应该　② 觉得　③ 北京　④ 留学　⑤ 去

(2) 私はどこへ昼御飯を食べに行くかまだよく考えていません。

我还 ________ ________ ________ ________ ________ 。

① 去哪儿　② 想好　③ 吃　④ 没　⑤ 午饭

5 **次の日本語を中国語に訳しなさい。**

(1) 私以外，みんな中国語が話せません。

(2) 日曜日に私は弟と一緒に公園に行くつもりです。

(3) 仕事を探すために，明日私は東京に行かなければなりません。

(4) 彼は中国語がうまいばかりでなく，卓球をするのもうまい。

(5) 私が彼に話すと，彼はすぐに笑いだしました。

第2课　考试
Kǎoshì

词　语

4

好长 hǎo cháng　とても長い．大変長い
时间 shíjiān 名 時間
只好 zhǐhǎo 副 しかたなく．～するほかない．～せざるを得ない ⇒ 语法1
复习 fùxí 動 復習する
忙着 mángzhe　～するのに忙しい．忙しく～する
功课 gōngkè 名 授業．宿題．勉強
有时 yǒushí 副 時には．時々
学到 xuédào　～まで学ぶ．～まで勉強する
凌晨 língchén 名 夜明け．早朝．朝
才 cái 副 ようやく．やっと ⇒ 语法2
停 tíng 動 停止する．やめる．止める
～下来 ～xiàlai　動作が安定的な状態に落ち着く場合に用いる
躺 tǎng 動 横になる
把 bǎ 前 ～を ⇒ 语法3
课文 kèwén 名 教科書の本文
单词 dāncí 名 単語
语法 yǔfǎ 名 文法
记住 jìzhù　覚える．記憶する
所以 suǒyǐ 接 だから
心情 xīnqíng 名 気持ち．気分．心情
饭馆 fànguǎn 名 レストラン
改善 gǎishàn 動 改善する．よくする
雷阵雨 léizhènyǔ 名 雷を伴うにわか雨
不管～还是～ bùguǎn～háishi～　～だろうが～だろうが ⇒ 语法4
刮风 guā fēng　風が吹く
提前 tíqián 動 繰り上げる．早める
争取 zhēngqǔ 動 (実現を目指して)努力する
考 kǎo 動 試験を受ける．試験する
成绩 chéngjì 名 成績
放 fàng 動 置く．(休みに）なる
不用 búyòng 副 ～する必要がない．～しなくてもよい ⇒ 语法5
担心 dān//xīn 動 心配する．懸念する
自由自在地 zìyóu zìzài de　自由自在に．自由気ままに．思い切り
旅游 lǚyóu 動 旅行する．観光する

课　文

5

[1]我好长时间没有回家了，[2]很想回去看看。[3]但是，一想到明天有英语考试，[4]就**只好**❶在图书馆复习了。[5]这几天我一有时间就忙着复习功课。[6]有时学到凌晨两点，[7]**才**❷停下来，[8]躺在床上睡几个小时。[9]今天，我已经**把**❸课文里的单词和语法都记住了。[10]所以，现在心情不错，[11]晚上想去饭馆给自己改善一下儿。

[12]明天好像有雷阵雨。[13]我想**不管**❹→刮风**还是**←❹下雨，[14]都要提前到大学，[15]争取考一个好成绩。[16]放了暑假，[17]我就**不用**❺担心考试，[18]可以自由自在地玩儿了。[19]这个暑假，[20]我打算和朋友一起去美国旅游。

---

[1]Wǒ hǎo cháng shíjiān méiyou huí jiā le, [2]hěn xiǎng huíqu kànkan. [3]Dànshì, yì xiǎngdào míngtiān yǒu Yīngyǔ kǎoshì, [4]jiù zhǐhǎo zài túshūguǎn fùxí le. [5]Zhè jǐ tiān wǒ yì yǒu shíjiān jiù mángzhe fùxí gōngkè. [6]Yǒushí xuédào língchén liǎng diǎn, [7]cái tíngxiàlai, [8]tǎngzài chuángshang shuì jǐ ge xiǎoshí. [9]Jīntiān, wǒ yǐjīng bǎ kèwén li de dāncí hé yǔfǎ dōu jìzhù le. [10]Suǒyǐ, xiànzài xīnqíng búcuò, [11]wǎnshang xiǎng qù fànguǎn gěi zìjǐ gǎishàn yíxiàr.

[12]Míngtiān hǎoxiàng yǒu léizhènyǔ. [13]Wǒ xiǎng bùguǎn guā fēng háishi xià yǔ, [14]dōu yào tíqián dào dàxué, [15]zhēngqǔ kǎo yí ge hǎo chéngjì. [16]Fàngle shǔjià, [17]wǒ jiù búyòng dānxīn kǎoshì, [18]kěyǐ zìyóu zìzài de wánr le. [19]Zhège shǔjià, [20]wǒ dǎsuan hé péngyou yìqǐ qù Měiguó lǚyóu.

语　法

❶ 只好

他不帮我买，只好明天自己去买。
Tā bù bāng wǒ mǎi, zhǐhǎo míngtiān zìjǐ qù mǎi.

她生气了，我只好陪她再坐一会儿。
Tā shēngqì le, wǒ zhǐhǎo péi tā zài zuò yíhuìr.

❷ 才

她走了五公里，才停了下来。
Tā zǒule wǔ gōnglǐ, cái tínglexiàlai.

我们唱歌唱到凌晨两点才回家。
Wǒmen chàng gē chàngdào língchén liǎng diǎn cái huí jiā.

❸ 把

今天我们把作业都做完了。
Jīntiān wǒmen bǎ zuòyè dōu zuòwán le.

小李，明天你把汉语词典带来。
Xiǎo Lǐ, míngtiān nǐ bǎ Hànyǔ cídiǎn dàilai.

❹ 不管～还是～

不管你忙还是不忙，你明天中午一定要来我这儿。
Bùguǎn nǐ máng háishi bù máng, nǐ míngtiān zhōngwǔ yídìng yào lái wǒ zhèr.

不管你有钱还是没有钱，你现在必须还我。
Bùguǎn nǐ yǒu qián háishi méiyǒu qián, nǐ xiànzài bìxū huán wǒ.

❺ 不用

明天你不用来了。
Míngtiān nǐ búyòng lái le.

小王，我下个星期就不用来了吧？
Xiǎo Wáng, wǒ xià ge xīngqī jiù búyòng lái le ba ?

练　习

1 次の語句を声調の組み合わせによって４つのグループに分けなさい。

想好　旅游　担心　所以　刮风　暑假　中餐　好长
语法　美国　只好　想学　改善　好像　期间　考试

(1) ＿＿＿＿＿＿＿＿＿＿　(2) ＿＿＿＿＿＿＿＿＿＿

(3) ＿＿＿＿＿＿＿＿＿＿　(4) ＿＿＿＿＿＿＿＿＿＿

2 次の文の空欄を埋めるのに最も適当なものを①～④の中から１つ選びなさい。

(1) 她下午两点（　　　　）来大学。
Tā xiàwǔ liǎng diǎn (　　　　) lái dàxué.

① 才　② 得　③ 对　④ 上

(2) 昨天太晚了，我（　　　　）打的回家。
Zuótiān tài wǎn le, wǒ (　　　　) dǎdī huí jiā.

① 所以　② 好像　③ 只好　④ 最好

(3) 明天我们（　　　　）去买了。
Míngtiān wǒmen (　　　　) qù mǎi le.

① 不管　② 不用　③ 不过　④ 不但

(4) 她不管睡觉（　　　　）没有睡觉，总是把电视的声音开得很大。
Tā bùguǎn shuìjiào (　　　　) méiyou shuìjiào, zǒngshì bǎ diànshì de shēngyīn kāide hěn dà.

① 还好　② 还是　③ 也是　④ 总是

(5) 昨天她又（　　　　）小李气哭了。
Zuótiān tā yòu (　　　　) xiǎo Lǐ qìkū le.

① 把　② 都　③ 会　④ 能

3 次の日本語の意味に合う中国語を①～④の中から１つ選びなさい。

(1) 明日授業があることを思うと，寝るしかなかった。

① 一想明天到有课，就只好睡了。
② 一想到明天有课，就只好睡了。
③ 明天一想到有课，就只好睡了。
④ 一想到明天就有课，只好睡了。

(2) この数日雨がよく降っていたので，どこにも行きませんでした。

① 这几天经常下雨，我也没去哪儿。
② 这几天下经常雨，我哪儿也没去。
③ 这几天经常下雨，我哪儿也没去。
④ 这几天经常下雨，哪儿也我没去。

4 次の日本語の意味になるように，①～⑤を並べ替えなさい。

(1) 私はもう授業の復習を済ませました。

我 ________ ________ ________ ________ ________ 了。

① 功课　② 复习　③ 把　④ 好　⑤ 已经

(2) この夏休み，私は１週間思いっ切り遊びたい。

这个暑假 ________ ________ ________ ________ ________ 。

① 自由自在地　② 我　③ 想　④ 一个星期　⑤ 玩儿

5 次の日本語を中国語に訳しなさい。

(1) チャーハンであろうとギョーザであろうと，中華料理は皆おいしいです。

(2) 明日私は授業がないので，今日は勉強しなくていい。

(3) 彼は自分の考えをクラスメートの劉さんに話しました。

(4) 夜10時に，彼はようやく帰宅しました。

(5) 今日はまた雨が降ったので，私はしかたなくどこにも行きませんでした。

第3课 旅游
Lǚyóu

词 语

6

京都 Jīngdū 名 京都
大阪 Dàbǎn 名 大阪
奈良 Nàiliáng 名 奈良
神户 Shénhù 名 神戸
城市 chéngshì 名 都市．都会
～中 ～zhōng 方 ～の中．～しているところだ ⇒ 语法1
最 zuì 副 最も．いちばん
感兴趣 gǎn xìngqù　興味がある
金阁寺 Jīngésì 名 金閣寺
二条城 Èrtiáochéng 名 二条城
银阁寺 Yíngésì 名 銀閣寺
清水寺 Qīngshuǐsì 名 清水寺
及 jí 接 および
平安神宫 Píng'ān shéngōng 名 平安神宮
虽然～但(是)～ suīrán～dàn(shì)～
～ではあるが～．～にもかかわらず～
⇒ 语法2
非常 fēicháng 副 非常に．大変
值得 zhíde 動 ～する価値がある．～する値打ちがある
那天 nà tiān　あの日．その日
尽管～但(是)～ jǐnguǎn～dàn(shì)～
～にもかかわらず～．～ではあるが～
⇒ 语法3
游客 yóukè 名 旅行客．観光客
其中 qízhōng 方 その中．そのうち
有的～有的～ yǒude～yǒude～　～である人もいれば～である人もいる．～である物もあれば～である物もある ⇒ 语法4
照相机 zhàoxiàngjī 名 カメラ
一边～一边～ yìbiān～yìbiān～　～しながら～する ⇒ 语法5
跟在 gēnzài　～につき従う
导游 dǎoyóu 名 ガイド
后边 hòubian 方 後ろ
认真地 rènzhēn de　真剣に．まじめに
讲解 jiǎngjiě 動 説明する．解説する
古迹 gǔjì 名 遺跡．旧跡

课　文

7

[1]这个暑假我去旅游了。[2]去了京都、大阪、奈良和神户。[3]这些城市**中**❶我最感兴趣的是京都。[4]京都最有名的地方是金阁寺、[5]二条城、银阁寺、清水寺及平安神宫等。[6]**虽然**❷→银阁寺离京都市中心很远，[7]**但是**←❷非常值得看。[8]我去的那天，[9]**尽管**❸→天气很热，[10]**但**←❸还是来了不少外国游客，[11]其中中国游客最多。[12]他们**有的**❹→手里拿着照相机，[13]**一边**❺→走**一边**←❺照；[14]**有的**←❹跟在导游的后边，[15]认真地听导游讲解这些古迹的历史。

[1]Zhège shǔjià wǒ qù lǚyóu le. [2]Qùle Jīngdū、Dàbǎn、Nàiliáng hé Shénhù. [3]Zhèxiē chéngshì zhōng wǒ zuì gǎn xìngqù de shì Jīngdū. [4]Jīngdū zuì yǒumíng de dìfang shì Jīngésì、[5]Èrtiáochéng、Yíngésì、Qīngshuǐsì jí Píng'ān shéngōng děng. [6]Suīrán Yíngésì lí Jīngdū shì zhōngxīn hěn yuǎn, [7]dànshì fēicháng zhíde kàn. [8]Wǒ qù de nà tiān, [9]jǐnguǎn tiānqì hěn rè, [10]dàn háishi láile bùshǎo wàiguó yóukè, [11]qízhōng Zhōngguó yóukè zuì duō. [12]Tāmen yǒude shǒuli názhe zhàoxiàngjī, [13]yìbiān zǒu yì biān zhào ; [14]yǒude gēnzài dǎoyóu de hòubian, [15]rènzhēn de tīng dǎoyóu jiǎngjiě zhèxiē gǔjì de lìshǐ.

语 法

❶ ～中

这些学生中，你最喜欢谁?
Zhèxiē xuésheng zhōng, nǐ zuì xǐhuan shéi ?

网球赛正在进行中。
Wǎngqiúsài zhèngzài jìnxíng zhōng.

❷ 虽然～但(是)～

我虽然喜欢你，但是不爱你。
Wǒ suīrán xǐhuan nǐ, dànshì bú ài nǐ.

虽然你想去找他，但是他不想见你。
Suīrán nǐ xiǎng qù zhǎo tā, dànshì tā bù xiǎng jiàn nǐ.

❸ 尽管～但(是)～

他尽管很不愿意，但是没能说出口。
Tā jǐnguǎn hěn bú yuànyì, dànshì méi néng shuōchū kǒu.

尽管医生想救他，但已经来不及了。
Jǐnguǎn yīshēng xiǎng jiù tā, dàn yǐjīng láibují le.

❹ 有的～有的～

他们中有的喜欢画画儿，有的喜欢练书法。
Tāmen zhōng yǒude xǐhuan huà huàr, yǒude xǐhuan liàn shūfǎ.

这个商店的东西有的便宜，有的贵。
Zhège shāngdiàn de dōngxi yǒude piányi, yǒude guì.

❺ 一边～一边～

学生们在公园里一边跳舞，一边唱歌。
Xuéshengmen zài gōngyuán li yìbiān tiàowǔ, yìbiān chàng gē.

小张一边查词典，一边听音乐。
Xiǎo Zhāng yìbiān chá cídiǎn, yìbiān tīng yīnyuè.

练　习

1 **次の語句を声調の組み合わせによって４つのグループに分けなさい。**

那天　提高　跟在　天气　流利　功课　听到　大家
昨天　其中　时间　面包　游客　认真　神户　学到

(1) ______________________　(2) ______________________

(3) ______________________　(4) ______________________

2 **次の文の空欄を埋めるのに最も適当なものを①～④の中から１つ選びなさい。**

(1) 去年我在暑假（　　　　）参加了夏令营。
Qùnián wǒ zài shǔjià (　　　　) cānjiāle xiàlìngyíng.

① 上　② 中　③ 下　④ 外

(2) 虽然你们都不同意买，（　　　　）我还是想买。
Suīrán nǐmen dōu bù tóngyì mǎi, (　　　　) wǒ háishi xiǎng mǎi.

① 但是　② 后边　③ 到处　④ 不用

(3) （　　　　）他很努力，但是还是没有成功。
(　　　　) tā hěn nǔlì, dànshì háishi méiyou chénggōng.

① 其中　② 尽管　③ 可是　④ 总是

(4) 昨天（　　　　）在家休息，（　　　　）去看电影了。
Zuótiān (　　　　) zài jiā xiūxi, (　　　　) qù kàn diànyǐng le.

① 不要，还要　② 但是，但是　③ 有的，有的　④ 是的，是的

(5) 他（　　　　）看电视，（　　　　）想问题。
Tā (　　　　) kàn diànshì, (　　　　) xiǎng wèntí.

① 虽然，也是　② 可是，一边　③ 一边，及　④ 一边，一边

3 次の日本語の意味に合う中国語を①～④の中から１つ選びなさい。

(1) 今日は観光客が大変多かったが，私たちはとても楽しく観光しました。

① 今天尽管游客很多，但我们很开心得玩儿。
② 今天游客很多尽管，但我们玩儿得很开心。
③ 尽管今天很游客多，但我们玩儿得很开心。
④ 今天尽管游客很多，但我们玩儿得很开心。

(2) 彼らは手にカメラを持ちながら，ガイドさんの後につき従っています。

① 他们手里拿着相机跟在导游的后面。
② 他们手里拿着相机跟导游的在后面。
③ 他们拿着相机手里跟在导游的后面。
④ 他们跟在导游的后面手里拿着相机。

4 次の日本語の意味になるように，①～⑤を並べ替えなさい。

(1) 私が今いちばん興味を持っているのは，ギョーザの作り方を身につけることです。

我现在最 ＿＿＿＿ ＿＿＿＿ ＿＿＿＿ ＿＿＿＿ ＿＿＿＿ 。

① 包饺子　② 是　③ 学会　④ 感兴趣　⑤ 的

(2) ここの歴史的な遺跡は大変見る価値があります。

这里的 ＿＿＿＿ ＿＿＿＿ ＿＿＿＿ ＿＿＿＿ ＿＿＿＿ 。

① 古迹　② 值得　③ 看　④ 非常　⑤ 历史

5 次の日本語を中国語に訳しなさい。

(1) 私はパソコンを買いたいのですが，お金がありません。

(2) あなたが私を愛していても，私はあなたを愛していません。

(3) ガイドさんは歩きながら京都の歴史を説明しています。

(4) 学生の中には行きたくない人も数人います。

(5) 東京の新宿に行った人もいれば，京都の銀閣寺に行った人もいます。

第4课 登山

Dēngshān

词　语

8

登山 dēng//shān 動 山に登る
登 dēng 動 登る
富士山 Fùshìshān 名 富士山
标高 biāogāo 名 標高
米 mǐ 助数 メートル
不仅～而且～ bùjǐn～érqiě～　～だけではなく～．～ばかりでなく～ ⇒ 语法 1
高 gāo 形 高い
山 shān 名 山
象征 xiàngzhēng 動 名 象徴する．象徴．シンボル
因为～所以～ yīnwei～suǒyǐ～　～なので～．～だから～ ⇒ 语法 2
申遗 shēnyí　世界遺産申請
成功 chénggōng 動 成功する
登录 dēnglù 動 登録する
为 wéi 動　～とする．～になる．～とみなす ⇒ 语法 3
世界 shìjiè 名 世界
遗产 yíchǎn 名 遺産
增加 zēngjiā 動 増加する．増える
观光 guānguāng 動 観光する
被 bèi 前 ～に（～される）⇒ 语法 4
需要 xūyào 名 動 需要．～を必要とする．～しなければならない
解决 jiějué 動 解決する
问题 wèntí 名 問題
棘手 jíshǒu 形 手を焼く．手に余る．やっかいである
就 jiù 副「ほかでもなく」という断定的な意を加える ⇒ 语法 5
垃圾 lājī 名 ごみ
当～的时候 dāng～de shíhou　～の時．～している時 ⇒ 语法 6
登上 dēngshang　登って～にたどり着く
山顶 shāndǐng 名 山頂
太阳 tàiyang 名 太陽
冉冉 rǎnrǎn 副 ゆっくりと
升起 shēngqǐ　昇る
心里 xīnli 名 心の中．心
充满 chōngmǎn 動 満たす．満ちる
幸福 xìngfú 名 形 幸福．幸福である
希望 xīwàng 動 名 希望する．希望

课　文

9

[1]我喜欢登山。[2]去年夏天我和两个朋友去登富士山了。[3]富士山标高三千七百七十六米，[4]**不仅**❶→是日本最高的山，[5]**而且**←❶还是日本的象征。[6]**因为**❷→富士山去年申遗成功，[7]登录**为**❸世界文化遗产，[8]**所以**←❷一下增加了很多观光游客。

[9]虽然富士山**被**❹登录为世界文化遗产，[10]但是富士山还有许多需要解决的问题，[11]其中最棘手的**就**❺是垃圾问题。

[12]那天登富士山时，[13]天气不太好。[14]不过，**当**❻→我们登上山顶，[15]看着太阳冉冉升起**的时候**←❻，[16]心里充满了幸福和希望。

---

[1]Wǒ xǐhuan dēngshān. [2]Qùnián xiàtiān wǒ hé liǎng ge péngyou qù dēng Fùshìshān le. [3]Fùshìshān biāogāo sānqiān qībǎi qīshiliù mǐ, [4]bùjǐn shì Rìběn zuì gāo de shān, [5]érqiě hái shì Rìběn de xiàngzhēng. [6]Yīnwei Fùshìshān qùnián shēnyí chénggōng, [7]dēnglùwéi shìjiè wénhuà yíchǎn, [8]suǒyǐ yíxià zēngjiāle hěn duō guānguāng yóukè.

[9]Suīrán Fùshìshān bèi dēnglùwéi shìjiè wénhuà yíchǎn, [10]dànshì Fùshìshān hái yǒu xǔduō xūyào jiějué de wèntí, [11]qízhōng zuì jíshǒu de jiù shì lājī wèntí.

[12]Nà tiān dēng Fùshìshān shí, [13]tiānqì bú tài hǎo. [14]Búguò, dāng wǒmen dēngshang shāndǐng, [15]kànzhe tàiyang rǎnrǎn shēngqǐ de shíhou, [16]xīnli chōngmǎnle xìngfú hé xīwàng.

语　法

❶ 不仅～而且～

不仅会英语而且还会德语和法语。
Bùjǐn huì Yīngyǔ érqiě hái huì Déyǔ hé Fǎyǔ.

这不仅是日本的问题，而且也是全世界的问题。
Zhè bùjǐn shì Rìběn de wèntí, érqiě yě shì quán shìjiè de wèntí.

❷ 因为～所以～

因为昨天感冒了，所以没有来上课。
Yīnwei zuótiān gǎnmào le, suǒyǐ méiyou lái shàngkè.

因为工作太忙，所以我好久没回家了。
Yīnwei gōngzuò tài máng, suǒyǐ wǒ hǎojiǔ méi huí jiā le.

❸（動詞＋）为

今年同学们选他为班长。
Jīnnián tóngxuémen xuǎn tā wéi bānzhǎng.

中国的长城早就登录为世界遗产了。
Zhōngguó de Chángchéng zǎojiù dēnglùwéi shìjiè yíchǎn le.

❹ 被

他不小心被骗子骗了 10 万日元。
Tā bù xiǎoxīn bèi piànzi piànle shíwàn rìyuán.

她昨天又被老师表扬了。
Tā zuótiān yòu bèi lǎoshī biǎoyáng le.

❺ 就

这儿就是我们的宿舍。
Zhèr jiù shì wǒmen de sùshè.

她就是教我们数学的李老师。
Tā jiù shì jiāo wǒmen shùxué de Lǐ lǎoshī.

❻ 当～的时候

当她生病的时候，你千万不要气她。
Dāng tā shēngbìng de shíhou, nǐ qiānwàn búyào qì tā.

当你上课的时候，不要总是睡觉。
Dāng nǐ shàngkè de shíhou, búyào zǒngshì shuìjiào.

练　习

1 次の語句を声調の組み合わせによって４つのグループに分けなさい。

登山　参考　增加　希望　登录　认为　生气　山顶
标高　充满　观光　升起　复习　幸福　需要　奈良

(1) ______________________　　(2) ______________________

(3) ______________________　　(4) ______________________

2 次の文の空欄を埋めるのに最も適当なものを①～④の中から１つ選びなさい。

(1) 她（　　　　）不喜欢你，而且也不喜欢他。
Tā (　　　　) bù xǐhuan nǐ, érqiě yě bù xǐhuan tā.

① 不会　② 不仅　③ 不要　④ 不能

(2) 她以小赵（　　　　）榜样，每天学习英语。
Tā yǐ xiǎo Zhào (　　　　) bǎngyàng, měi tiān xuéxí Yīngyǔ.

① 从　② 得　③ 为　④ 就

(3) 这（　　　　）是你要找的书包。
Zhè (　　　　) shì nǐ yào zhǎo de shūbāo.

① 就　② 会　③ 要　④ 再

(4) 他的衣服（　　　　）风刮走了。
Tā de yīfu (　　　　) fēng guāzǒu le.

① 及　② 中　③ 成　④ 被

(5)（　　　　）他十岁的时候，他们一家就去了香港。
(　　　　) tā shí suì de shíhou, tāmen yìjiā jiù qùle Xiānggǎng.

① 对　② 给　③ 当　④ 才

3 次の日本語の意味に合う中国語を①～④の中から１つ選びなさい。

(1) 私は長い間富士山に登っていません。

① 我没有很长时间登富士山了。

② 我没有登很长时间富士山了。

③ 我很长时间没有登富士山了。

④ 我很长没有时间登富士山了。

(2) 天気がよい時には，富士山の山頂が見えます。

① 天气时不错，山顶能看见富士山。

② 天气不错时，能看见富士山山顶。

③ 天气不错时，能富士山看见山顶。

④ 不错天气时，看能见富士山山顶。

4 次の日本語の意味になるように，①～⑤を並べ替えなさい。

(1) 富士山は昨年，世界文化遺産に登録されました。

富士山是去年 ________ ________ ________ ________ ________ 。

① 的　② 登录　③ 世界文化遗产　④ 为　⑤ 被

(2) 私は今年よい成績が取れるよう必ず一生懸命勉強します。

我今年一定努力 ________ ________ ________ ________ ________ 。

① 一个　② 好成绩　③ 争取　④ 考　⑤ 学习

5 次の日本語を中国語に訳しなさい。

(1) お金はすべてガールフレンドに使われました。

(2) 電車に乗っている時，電話をしてはいけません。

(3) これが世界で有名な富士山です。

(4) 単語と文法をすべて覚えたので，よい成績を取りました。

(5) 彼は朝起きるのが早いだけでなく，夜寝るのも遅い。

第5课　回老家

Huí lǎojiā

词　语

10

寒假 hánjià 名 冬休み

期间 qījiān 名 期間．間

长崎 Chángqí 名 長崎

老家 lǎojiā 名 実家．故郷

～左右 ～zuǒyòu 方 ～ぐらい．～前後

每次 měi cì　每回．每度

精疲力尽 jīngpí-lìjìn　精も根も尽き果てる

这次 zhè cì　今回．今度

准备 zhǔnbèi 助動 ～するつもりだ．～する予定だ ⇒ 语法1

跟 gēn 前 ～に．～から．～と

母亲 mǔqin 名 母親．母

学 xué 動 習う．学ぶ．勉強する

做菜 zuò//cài 動 料理を作る

不是～就是～ bú shì～jiù shì～　～でなければ～である．～か～のいずれかである ⇒ 语法2

外面 wàimiàn 方 外．外側

盒饭 héfàn 名 弁当

宿舍 sùshè 名 寮．宿舎

这样一来 zhèyàng yìlái　こうなると．こうして

蔬菜 shūcài 名 野菜

饮食 yǐnshí 名 飲食．食事

规律 guīlǜ 名 形 法則．規則．規則正しい

如果～就～ rúguǒ～jiù～　もし～ならば～ ⇒ 语法3

为 wèi 前 ～のために．～に ⇒ 语法4

既～又～ jì～yòu～　～でもあれば～でもある ⇒ 语法5

营养 yíngyǎng 名 栄養

可口 kěkǒu 形 口に合う．おいしい

饭菜 fàncài 名 御飯とおかず．食事

一个劲儿地 yígejìnr de　しきりに．ひたすら

夸 kuā 動 褒める．誇る．自慢する

懂事 dǒngshì 形 世事をわきまえている．物事が分かっている

课　文

11

[1]寒假期间，[2]我打算回长崎老家。[3]从东京到老家要六个小时左右，[4]每次回去都坐车坐得精疲力尽。

[5]这次回去我**准备**❶跟母亲学一学做菜。[6]现在我一个人在东京生活，[7]每天**不是**❷→在外面吃，[8]**就是**←❷买盒饭回宿舍吃。[9]这样一来，[10]不仅蔬菜吃得很少，[11]而且饮食也很不规律。[12]**如果**❸→我学会了做菜，[13]**就**←❸可以**为**❹自己做一些**既**❺→有营养**又**←❺可口的饭菜。[14]我昨天打电话跟母亲一说，[15]她非常高兴，[16]一个劲儿地夸我懂事了。

[1]Hánjià qījiān, [2]wǒ dǎsuan huí Chángqí lǎojiā. [3]Cóng Dōngjīng dào lǎojiā yào liù ge xiǎoshí zuǒyòu, [4]měi cì huíqu dōu zuò chē zuòde jīngpí-lìjìn.

[5]Zhè cì huíqu wǒ zhǔnbèi gēn mǔqin xué yi xué zuòcài. [6]Xiànzài wǒ yí ge rén zài Dōngjīng shēnghuó, [7]měi tiān bú shì zài wàimiàn chī, [8]jiù shì mǎi héfàn huí sùshè chī. [9]Zhèyàng yìlái, [10]bùjǐn shūcài chīde hěn shǎo, [11]érqiě yǐnshí yě hěn bù guīlǜ. [12]Rúguǒ wǒ xuéhuìle zuòcài, [13]jiù kěyǐ wèi zìjǐ zuò yìxiē jì yǒu yíngyǎng yòu kěkǒu de fàncài. [14]Wǒ zuótiān dǎ diànhuà gēn mǔqin yì shuō, [15]tā fēicháng gāoxìng, [16]yígejìnr de kuā wǒ dǒngshì le.

语　法

❶ 准备

我们准备明天出发。
Wǒmen zhǔnbèi míngtiān chūfā.

他们准备先把房间打扫一下。
Tāmen zhǔnbèi xiān bǎ fángjiān dǎsǎo yíxià.

❷ 不是～就是～

我星期天不是打工，就是复习英语。
Wǒ xīngqītiān bú shì dǎgōng，jiù shì fùxí Yīngyǔ.

这件事不是你干就是他干，今天必须干完。
Zhè jiàn shì bú shì nǐ gàn jiù shì tā gàn, jīntiān bìxū gànwán.

❸ 如果～就～

如果你身体不舒服，就先休息一下。
Rúguǒ nǐ shēntǐ bù shūfu, jiù xiān xiūxi yíxià.

我如果回来晚了，你就先吃吧。
Wǒ rúguǒ huílai wǎn le, nǐ jiù xiān chī ba.

❹ 为

你打算为你父母做点儿什么？
Nǐ dǎsuan wèi nǐ fùmǔ zuò diǎnr shénme ?

你一定要好好儿学习，不要为我担心。
Nǐ yídìng yào hǎohāor xuéxí, búyào wèi wǒ dānxīn.

❺ 既～又～

他既是教练又是选手。
Tā jì shì jiàoliàn yòu shì xuǎnshǒu.

这个酒馆的菜既便宜又好吃。
Zhège jiǔguǎn de cài jì piányi yòu hǎochī.

练　习

1 次の語句を声調の組み合わせによって４つのグループに分けなさい。

每次　左右　世界　准备　做菜　懂事　许多　宿舍
现在　每天　如果　棘手　而且　好喝　营养　老家

(1) ＿＿＿＿＿＿＿＿＿＿　(2) ＿＿＿＿＿＿＿＿＿＿

(3) ＿＿＿＿＿＿＿＿＿＿　(4) ＿＿＿＿＿＿＿＿＿＿

2 次の文の空欄を埋めるのに最も適当なものを①～④の中から１つ選びなさい。

(1) 公司（　　　　）再开一个分店。
Gōngsī (　　　　) zài kāi yí ge fēndiàn.

① 准备　② 因为　③ 但是　④ 还是

(2) 他有时（　　　　）我买些水果。
Tā yǒushí (　　　　) wǒ mǎi xiē shuǐguǒ.

① 又　② 被　③ 对　④ 为

(3) 下班后（　　　　）去喝酒，就是去打麻将。
Xiàbān hòu (　　　　) qù hē jiǔ, jiù shì qù dǎ májiàng.

① 就是　② 不是　③ 还是　④ 也是

(4) 他既是父亲（　　　　）是母亲。
Tā jì shì fùqin (　　　　) shì mǔqin.

① 再　② 会　③ 在　④ 又

(5)（　　　　）你明天不来，给我打个电话。
(　　　　) nǐ míngtiān bù lái, gěi wǒ dǎ ge diànhuà.

① 尽管　② 虽然　③ 如果　④ 所以

3 次の日本語の意味に合う中国語を①～④の中から１つ選びなさい。

(1) 私は自分で御飯を作り，充実した１人暮らしをしたい。

① 我想自己做饭吃，过好单身生活。

② 我想做自己饭吃，过好单身生活。

③ 我想吃自己做饭，过单身好生活。

④ 我想自己做饭吃，单身过好生活。

(2) 外食でも野菜の多いものを選んだほうがいい。

① 在外面吃就是也要选一些蔬菜多的。

② 就是在外面吃也要选一些多蔬菜的。

③ 就是在外面吃要也选蔬菜一些多的。

④ 就是在外面吃也要选一些蔬菜多的。

4 次の日本語の意味になるように，①～⑤を並べ替えなさい。

(1) 私は毎回期末の時期になると，授業内容の復習で疲れきってしまいます。

我每次期末都 ＿＿＿＿ ＿＿＿＿ ＿＿＿＿ ＿＿＿＿ ＿＿＿＿ 。

① 得　② 精疲力尽　③ 复习　④ 复习　⑤ 功课

(2) 彼は両親においしい料理をちょっと作ってあげるつもりです。

他准备给 ＿＿＿＿ ＿＿＿＿ ＿＿＿＿ ＿＿＿＿ ＿＿＿＿ 。

① 做些　② 可口　③ 饭菜　④ 父母　⑤ 的

5 次の日本語を中国語に訳しなさい。

(1) 私は東京へ買い物に行くつもりです。

(2) 彼は大学に行くのでなければテニスをしに行きます。

(3) 明日私は授業に出なくてはならないし，アルバイトにも行かなければなりません。

(4) もし東京で買えなかったら，あなたは北京で１つ買ってください。

(5) 彼は私のためにとてもおいしいお弁当を作ってくれました。

第6课 助人为乐
Zhùrén wéilè

词　语

12

一直 yìzhí 副 ずっと
致力于 zhìlìyú　～に力を尽くす．～に力を惜しまない
资助 zīzhù 動 経済的に援助する
教育 jiàoyù 動 教育する
事业 shìyè 名 事業．（社会的）活動
身上 shēnshang 名 体（に）．身（に）
一般 yìbān 形 普通である．一般的である
普通 pǔtōng 形 普通である
爱人 àiren 名 夫．妻．配偶者
远远 yuǎnyuǎn　はるかに遠く．はるかに
低于 dīyú　～より低い
家庭 jiātíng 名 家庭
生活 shēnghuó 名 動 生活．生活する．暮らす
省吃俭用 shěng chī jiǎn yòng　倹約して暮らす
攒 zǎn 動 ためる．蓄える．貯蓄する
儿女 érnǚ 名 息子と娘．（広く）子供
用在 yòngzài　～に用いる
老伴儿 lǎobànr 名（年配夫婦の一方を指し）連れ合い．奥さん．旦那さん
逐渐地 zhújiàn de　次第に
捐给 juāngěi　～に寄付する
困难 kùnnan 形 困難である．（経済的に）苦しい
由于 yóuyú 前 接 ～によって．～なので．～だから ⇒ 语法1
不知 bù zhī　分からない．知らない ⇒ 语法2
使 shǐ 動（～に）～させる ⇒ 语法3
因～而～ yīn～ér～　～なので～．～のために～ ⇒ 语法4
放弃 fàngqì 動 放棄する．断念する
上大学 shàng dàxué　大学に進学する
年轻人 niánqīngrén 名 若者．若い人
重新 chóngxīn 副 新たに．もう1度
走进 zǒujìn　歩いて入る．入る
知识 zhīshi 名 知識
殿堂 diàntáng 名 殿堂
得到 dédào 動 得る．受ける
顺利地 shùnlì de　順調に
完成 wánchéng 動 完成する．成し遂げる
学业 xuéyè 名 学業
成 chéng 動 なす．なる
对 duì 前 ～に．～に対して
社会 shèhuì 名 社会
有用 yǒuyòng 形 有用である．役立つ
人才 réncái 名 人材
感谢 gǎnxiè 動 感謝する
做出 zuòchū　作り出す．（成果や結果を）出す
贡献 gòngxiàn 名 貢献
祝 zhù 動 祝う．祈る．願う ⇒ 语法5
好人 hǎorén 名 善人．品行方正な人
好运 hǎoyùn 名 幸運

课 文

🔊 13

[1]在中国，[2]有一个一直致力于资助教育事业的人。[3]他身上穿的比一般的中国人还要普通，[4]他和他爱人吃的[5]远远低于一般家庭生活水平。[6]他每天省吃俭用，[7]攒了很多很多的钱。[8]但这些钱既没有给自己的儿女，[9]也没有用在自己和老伴儿的身上。[10]他把这些钱都逐渐地捐给了[11]家庭困难的大学生。[12]几十年里**由于**❶他的资助，[13]**不**❷**知**~~**使**❸多少**因**❹→生活困难**而**←❹要放弃上大学的年轻人[14]重新走进了知识的殿堂。[15]这些得到他资助的学生都顺利地完成了学业，[16]成了对社会有用的人才。

[17]在这里，[18]我们感谢他为教育事业做出的贡献，[19]**祝**❺他好人好运。

---

[1]Zài Zhōngguó, [2]yǒu yí ge yìzhí zhìlìyú zīzhù jiàoyù shìyè de rén. [3]Tā shēnshang chuān de bǐ yìbān de Zhōngguórén hái yào pǔtōng, [4]tā hé tā àiren chī de [5]yuǎnyuǎn dīyú yìbān jiātíng shēnghuó shuǐpíng. [6]Tā měi tiān shěng chī jiǎn yòng, [7]zǎnle hěn duō hěn duō de qián. [8]Dàn zhèxiē qián jì méiyou gěi zìjǐ de érnǚ, [9]yě méiyou yòngzài zìjǐ hé lǎobànr de shēnshang. [10]Tā bǎ zhèxiē qián dōu zhújiàn de juāngěile [11]jiātíng kùnnan de dàxuéshēng. [12]Jǐ shí niánli yóuyú tā de zīzhù, [13]bù zhī shǐ duōshao yīn shēnghuó kùnnan ér yào fàngqì shàng dàxué de niánqīngrén [14]chóngxīn zǒujìnle zhīshi de diàntáng. [15]Zhèxiē dédào tā zīzhù de xuésheng dōu shùnlì de wánchéngle xuéyè, [16]chéngle duì shèhuì yǒuyòng de réncái.

[17]Zài zhèli, [18]wǒmen gǎnxiè tā wèi jiàoyù shìyè zuòchū de gòngxiàn, [19]zhù tā hǎorén hǎoyùn.

语　法

❶ 由于

由于他的努力，我们班取得了很好的成绩。
Yóuyú tā de nǔlì, wǒmen bān qǔdéle hěn hǎo de chéngjì.

由于学费很贵，我就放弃了。
Yóuyú xuéfèi hěn guì, wǒ jiù fàngqì le.

❷ 不知

这次地震不知要让多少人流泪。
Zhè cì dìzhèn bù zhī yào ràng duōshao rén liú lèi.

不知他考没考上大学。
Bù zhī tā kǎo méi kǎoshàng dàxué.

❸ 使

▶「"A 使 B" ＋動詞」で「A は B に～させる」を表す。A が原因となって B に何らかの結果が生じる場合が多い

他的话使我感到吃惊。
Tā de huà shǐ wǒ gǎndào chījīng.

他们无微不至的关怀使我感动。（无微不至的关怀：至れり尽くせりの配慮）
Tāmen wúwēi-búzhì de guānhuái shǐ wǒ gǎndòng.

❹ 因～而～

因离家太远，而选择了住校。
Yīn lí jiā tài yuǎn, ér xuǎnzéle zhùxiào.

今天因电车晚点而迟到。
Jīntiān yīn diànchē wǎndiǎn ér chídào.

❺ 祝

大家正在给他祝寿。
Dàjiā zhèngzài gěi tā zhùshòu.

祝你新年愉快！
Zhù nǐ xīnnián yúkuài !

祝你身体健康！
Zhù nǐ shēntǐ jiànkāng !

练　习

1 次の語句を声調の組み合わせによって４つのグループに分けなさい。

事业　家庭　社会　老伴儿　贡献　感谢　有用　足球
好运　提前　完成　心情　教育　申遗　长崎　生活

(1) ____________________　(2) ____________________

(3) ____________________　(4) ____________________

2 次の文の空欄を埋めるのに最も適当なものを①～④の中から１つ選びなさい。

(1) 我们也（　　　　）他去没去。
Wǒmen yě (　　　　) tā qù méi qù.

① 不说　② 不知　③ 不会　④ 不去

(2) 一直找不到工作，这（　　　　）他非常烦恼。
Yìzhí zhǎobudào gōngzuò, zhè (　　　　) tā fēicháng fánnǎo.

① 给　② 为　③ 使　④ 就

(3) 他因烦恼（　　　　）睡不着觉。
Tā yīn fánnǎo (　　　　) shuìbuzháo jiào.

① 让　② 叫　③ 而　④ 被

(4)（　　　　）你们工作顺利！
(　　　　) nǐmen gōngzuò shùnlì !

① 祝　② 为　③ 想　④ 得

(5)（　　　　）今天下雨，大家都没有外出。
(　　　　) jīntiān xià yǔ, dàjiā dōu méiyou wàichū.

① 对了　② 为了　③ 所以　④ 由于

3 次の日本語の意味に合う中国語を①～④の中から１つ選びなさい。

(1) 彼のためたお金は私ほど多くありません。

① 我攒的钱没有他多。

② 他攒的钱没有我多。

③ 他攒的钱比我多些。

④ 他攒的钱比我不多。

(2) 鈴木さんはためたお金を妻にも娘にもやりませんでした。

① 铃木攒的也没给妻子钱既没给女儿。

② 铃木攒的钱没既给妻子没也给女儿。

③ 铃木攒的钱既没给妻子也没给女儿。

④ 铃木攒的钱没给妻子既没给女儿也。

4 次の日本語の意味になるように，①～⑤を並べ替えなさい。

(1) 彼は生活の苦しい学生への金銭的な支援にずっと力を尽くしています。

他一直 ______ ______ ______ ______ ______ 。

① 资助　② 困难的　③ 致力于　④ 生活　⑤ 学生。

(2) 彼がお金を奥さんの服の購入に使うことはあまりありません。

他不太 ______ ______ ______ ______ ______ 。

① 买　② 给　③ 衣服　④ 老伴儿　⑤ 用钱

5 次の日本語を中国語に訳しなさい。

(1) お誕生日おめでとうございます。

(2) 母親が物分かりがよくなったとしきりにほめてくれたので，私はとてもうれしかった。(“使”を用いて)

(3) 彼は昨年お弁当をどのぐらい食べたのか知りません。

(4) 会社から遠いので，よく旅館に泊まっています。

(5) お金がないので，私は大学を受けるのをやめました。

第7课　后悔药
Hòuhuǐyào

词　语

14

电脑迷 diànnǎomí 名 パソコンマニア
离 lí 動 離れる
键盘 jiànpán 名 キーボード
显示器 xiǎnshìqì 名 ディスプレイ．モニター
着急 zháojí 形 焦る．いらいらする
赶忙 gǎnmáng 副 急いで．早速
拿到 nádào　持って行く．手に入れる
电器 diànqì 名 電化製品．電気製品
维修 wéixiū 動 修理する
师傅 shīfu 名 師匠．特殊な技能を持つ人に対する尊称
磨损 動 mósǔn すり減る．摩耗する
严重 yánzhòng 形 ひどい．重大である
不值得 bù zhíde　～する価値がない．～する値打ちがない
修 xiū 動 修理する．直す
不如 bùrú 動 ～に及ばない．～するほうがよい ⇒ 语法 1
说什么也 shuō shénme yě　何を言っても．どうしても
愿意 yuànyì 助動 ～したいと思う
换 huàn 動 換える．取り換える
非～不可 fēi～bùkě　～しなければならない．～でなければだめだ ⇒ 语法 2
帮 bāng 動 助ける．手伝う
结果 jiéguǒ 名 接 結果．結局
维修费 wéixiūfèi 名 修理代
花 huā 動（金・時間などを）使う．消費する
还 hái 副 更に．もっと
要 yào 助動 比較文に用いて推定の意を加える
要是 yàoshi 接 もし～ならば ⇒ 语法 3
听 tīng 動 聞く
建议 jiànyì 名 提案
～就好了 ～jiù hǎo le　～すればよい
既然～就～ jìrán～jiù～　～である以上～ ⇒ 语法 4
后悔 hòuhuǐ 動 後悔する
世上 shìshàng 名 世間．世の中
可 kě 副 断定的な意を強めたり，ようやく実現したことを表したりする ⇒ 语法 5
后悔药 hòuhuǐyào 名 後悔に付ける薬（後悔の念を断ち切る方法）

课　文

15

[1]我弟弟是一个电脑迷，[2]每天手不离键盘，[3]眼不离显示器。[4]今天他的电脑坏了，[5]非常着急，[6]赶忙把电脑拿到了电器维修店。[7]维修的师傅边看边说，[8]你的键盘磨损严重，[9]已经不值得修了，[10]并建议他**不如**❶买一个新键盘。[11]但是，弟弟说什么也不愿意换新的，[12]**非**❷→让师傅帮他修理**不可**←❷。[13]结果维修费花了三百多块，[14]比买新的还要贵。[15]回家以后，[16]弟弟对我说**要是**❸听师傅的建议就好了。[17]我笑着说，[18]**既然**❹→请师傅修了，[19]**就**←❹不要后悔。[20]世上**可**❺没有卖后悔药的。

---

[1]Wǒ dìdi shì yí ge diànnǎomí, [2]měi tiān shǒu bù lí jiànpán, [3]yǎn bù lí xiǎnshìqì. [4]Jīntiān tā de diànnǎo huài le, [5]fēicháng zháojí, [6]gǎnmáng bǎ diànnǎo nádàole diànqì wéixiūdiàn. [7]Wéixiū de shīfu biān kàn biān shuō, [8]nǐ de jiànpán mósǔn yánzhòng, [9]yǐjīng bù zhíde xiū le, [10]bìng jiànyì tā bùrú mǎi yí ge xīn jiànpán. [11]Dànshì, dìdi shuō shénme yě bú yuànyì huàn xīn de, [12]fēi ràng shīfu bāng tā xiūlǐ bùkě. [13]Jiéguǒ wéixiūfèi huāle sānbǎi duō kuài, [14]bǐ mǎi xīn de hái yào guì. [15]Huí jiā yǐhòu, [16]dìdi duì wǒ shuō yàoshi tīng shīfu de jiànyì jiù hǎo le. [17]Wǒ xiàozhe shuō, [18]jìrán qǐng shīfu xiū le, [19]jiù búyào hòuhuǐ. [20]Shìshàng kě méiyou mài hòuhuǐyào de.

语　法

❶ 不如

▶"A不如B～"で「AはBほど～ない」という意味を表す

我觉得百闻不如一见，你不如去看看。
Wǒ juéde bǎi wén bù rú yí jiàn, nǐ bùrú qù kànkan.

今天不如昨天暖和。
Jīntiān bùrú zuótiān nuǎnhuo.

❷ 非～不可

这件事非他做不可。
Zhè jiàn shì fēi tā zuò bùkě.

这个病非输液不可。
Zhège bìng fēi shūyè bùkě.

❸ 要是

▶"要是～的话"の呼応形式を用いることもある

要是她买，你也买吗？
Yàoshi tā mǎi, nǐ yě mǎi ma?

你要是不想学习，就出去散散步。
Nǐ yàoshi bù xiǎng xuéxí, jiù chūqu sànsan bù.

要是天气不好的话，明天我们就不外出了。
Yàoshi tiānqì bù hǎo dehuà, míngtiān wǒmen jiù bú wàichū le.

❹ 既然～就～

既然你喜欢，就买下来吧。
Jìrán nǐ xǐhuan, jiù mǎixiàlai ba.

既然你们不想去，就不要去了。
Jìrán nǐmen bù xiǎng qù, jiù búyào qù le.

❺ 可

这种苹果可甜了。
Zhè zhǒng píngguǒ kě tián le.

我可写完作业了。
Wǒ kě xiěwán zuòyè le.

练　习

1 次の語句を声調の組み合わせによって４つのグループに分けなさい。

殿堂　电器　课文　键盘　愿意　用在　既然　放弃
其中　结果　成功　重新　儿女　维修　遗产　磨损

(1) ______________________　(2) ______________________

(3) ______________________　(4) ______________________

2 次の文の空欄を埋めるのに最も適当なものを①～④の中から１つ選びなさい。

(1) 你（　　　　）不想干，就让小王干吧。
Nǐ（　　　　）bù xiǎng gàn, jiù ràng xiǎo Wáng gàn ba.

① 只好　② 不仅　③ 不如　④ 要是

(2) 这个人（　　　　）有人气了。
Zhège rén（　　　　）yǒu rénqì le.

① 可　② 及　③ 才　④ 就

(3) 今天（　　　　）你去不可。
Jīntiān（　　　　）nǐ qù bùkě.

① 不　② 非　③ 没　④ 也

(4) 我们球队（　　　　）他们球队实力好。
Wǒmen qiúduì（　　　　）tāmen qiúduì shílì hǎo.

① 不但　② 不要　③ 不如　④ 不会

(5) 既然他们有能力，（　　　　）应该买下来。
Jìrán tāmen yǒu nénglì,（　　　　）yīnggāi mǎixiàlai.

① 就　② 当　③ 干　④ 做

3 次の日本語の意味に合う中国語を①～④の中から１つ選びなさい。

(1) 私はこの携帯を使ってもう３年になります。

① 我用这个手机已经用了三年了。

② 我已经用了这个手机三年。

③ 我已经这个手机三年用了。

④ 我用这个手机已经三年用了。

(2) あなたはどこでディスプレイを修理するつもりですか。

① 你打算修理显示器在哪儿？

② 你在哪儿打算修理显示器？

③ 你打算在哪儿显示器修理？

④ 你打算在哪儿修理显示器？

4 次の日本語の意味になるように，①～⑤を並べ替えなさい。

(1) キーボードはもう修理できないほどひどく損傷しています。

键盘已经 ＿＿＿＿ ＿＿＿＿ ＿＿＿＿ ＿＿＿＿ ＿＿＿＿ 了。

① 修　② 得　③ 不能　④ 严重　⑤ 磨损

(2) 担当者は彼にまた新しいパソコンを買うように提案しました。

师傅建议他 ＿＿＿＿ ＿＿＿＿ ＿＿＿＿ ＿＿＿＿ ＿＿＿＿ 。

① 一台　② 新　③ 电脑　④ 买　⑤ 再

5 次の日本語を中国語に訳しなさい。

(1) 彼の成績はすごくいい。

(2) 彼はもし家にいなければ，たぶん仕事に行っているのでしょう。

(3) キーボードがひどく損傷している以上，修理しないほうがよい。

(4) これはもう壊れているのだから，お金を出して新しいのを買わなければなりません。

(5) このパソコンはあのパソコンほど高くありません。

第8课　租房
Zū fáng

词　语

16

又 yòu 副 また ⇒ 语法1
搬家 bān//jiā 動 引っ越す．転居する
跟随 gēnsuí 動 従う．後について行く
父亲 fùqin 名 父親．父
南方 nánfāng 名 南方
城市 chéngshì 名 都市．都会
家 jiā 助数 家・店・企業などを数える
报社 bàoshè 名 新聞社
工作 gōngzuò 動 働く．仕事をする
记得 jìde 動 覚えている
第一天 dì-yī tiān　最初の日．初日．1日目
全家 quánjiā 名 全家族．家族全員
就 jiù 副 すぐに ⇒ 语法2
房子 fángzi 名 家．家屋
中介人 zhōngjièrén 名 仲介人
首先 shǒuxiān 副 まず．最初に
领 lǐng 動 連れる．率いる
套 tào 助数 組になっている事物を数える．セット．組．一式
三室一厅 sān shì yì tīng　3LDK
朝阳 cháoyáng 動 日が当たる．南向きである
卧室 wòshì 名 寝室
只 zhǐ 副 ただ～．～だけ ⇒ 语法3
间 jiān 助数 部屋を数える
看上 kànshàng　気に入る．好きになる
很久 hěn jiǔ　とても長い間．ずっと長いこと
中间 zhōngjiān 方 真ん中
客厅 kètīng 名 応接間．客間
两边 liǎngbiān 方 両側
房间 fángjiān 名 部屋
平米 píngmǐ 助数 平方メートル〔"平方米 mǐ"とも〕
样式 yàngshì 名 様式．スタイル．デザイン
古朴 gǔpǔ 形 古めかしく飾り気がない
收拾 shōushi 動 片づける．整理する
干干净净 gānganjìngjìng　きれいさっぱり．とてもきれいに
格局 géjú 名 配置．間取り
租下 zūxià　借りる

课　文

17

[1]我们**又**❶搬家了。

[2]我们跟随父亲来到了南方的一个城市。[3]父亲现在在一家报社工作。[4]我记得到这个城市的第一天，[5]我们全家**就**❷一起去看房子了。

[6]中介人首先领我们看的是一套三室一厅的房子。[7]因为朝阳的卧室**只**❸有一间，[8]所以我们没有看上。[9]第二套房子好像很久**没有**❹人住了。[10]我们在屋子里走了走，看了看。[11]中间**是**❺一个很大的客厅，[12]客厅的两边是卧室，[13]一共有四个房间，[14]每个房间都有十五平米左右。[15]房子的样式非常古朴，[16]收拾得干干净净。[17]我们都非常喜欢这套房子的格局，[18]决定租下这套房子。

---

[1]Wǒmen yòu bānjiā le.

[2]Wǒmen gēnsuí fùqin láidàole nánfāng de yí ge chéngshì. [3]Fùqin xiànzài zài yì jiā bàoshè gōngzuò. [4]Wǒ jìde dào zhège chéngshì de dì-yī tiān, [5]wǒmen quánjiā jiù yìqǐ qù kàn fángzi le.

[6]Zhōngjièrén shǒuxiān lǐng wǒmen kàn de shì yí tào sān shì yì tīng de fángzi. [7]Yīnwei cháoyáng de wòshì zhǐ yǒu yì jiān, [8]suǒyǐ wǒmen méiyou kànshàng. [9]Dì-èr tào fángzi hǎoxiàng hěn jiǔ méiyǒu rén zhù le. [10]Wǒmen zài wūzi li zǒule zǒu, kànle kàn. [11]Zhōngjiān shì yí ge hěn dà de kètīng, [12]kètīng de liǎngbiān shì wòshì, [13]yígòng yǒu sì ge fángjiān, [14]měi ge fángjiān dōu yǒu shíwǔ píngmǐ zuǒyòu. [15]Fángzi de yàngshì fēicháng gǔpǔ, [16]shōushide gānganjìngjìng. [17]Wǒmen dōu fēicháng xǐhuan zhè tào fángzi de géjú, [18]juédìng zūxià zhè tào fángzi.

语　法

❶ "又" と "还"

昨天下午他又去找工作了。
Zuótiān xiàwǔ tā yòu qù zhǎo gōngzuò le.

我明天还跟小王去看电影。
Wǒ míngtiān hái gēn xiǎo Wáng qù kàn diànyǐng.

❷ 就

他吃完饭就出去了。
Tā chīwán fàn jiù chūqu le.

你等一会儿，我马上就回来。
Nǐ děng yíhuìr, wǒ mǎshàng jiù huílai.

❸ 只

他只去过北京。
Tā zhǐ qùguo Běijīng.

我只看见他进了商店。
Wǒ zhǐ kànjiàn tā jìnle shāngdiàn.

❹ "有" を用いた構文

我有一个同学去大阪了。
Wǒ yǒu yí ge tóngxué qù Dàbǎn le.

这儿好像很久没有人来了。
Zhèr hǎoxiàng hěn jiǔ méiyǒu rén lái le.

❺ "是" の存在文

左边是一张床。
Zuǒbian shì yì zhāng chuáng.

前面是一个主卧室。
Qiánmiàn shì yí ge zhǔwòshì.

练　习

1 **次の語句を声調の組み合わせによって４つのグループに分けなさい。**

卧室　样式　看上　凌晨　租下　工作　由于　报社
资助　身上　规律　多少　师傅　朝阳　收拾　格局

(1) ______________________　(2) ______________________

(3) ______________________　(4) ______________________

2 **次の文の空欄を埋めるのに最も適当なものを①～④の中から１つ選びなさい。**

(1) 我们（　　　　）看见过他一次。
Wǒmen (　　　　) kànjiànguo tā yí cì.

① 因　② 为　③ 只　④ 得

(2) 好像（　　　　）人在教室里看书。
Hǎoxiàng (　　　　) rén zài jiàoshì li kàn shū.

① 在　② 又　③ 有　④ 更

(3) 前边（　　　　）教学楼。
Qiánbian (　　　　) jiàoxuélóu.

① 是　② 也　③ 在　④ 看

(4)（　　　　）开学了，你选了什么课？
(　　　　) kāixué le, nǐ xuǎnle shénme kè ?

① 和　② 还　③ 中　④ 又

(5) 他马上（　　　　）给我了。
Tā mǎshàng (　　　　) gěi wǒ le.

① 就　② 吧　③ 才　④ 过

3 次の日本語の意味に合う中国語を①～④の中から１つ選びなさい。

(1) 父が私を連れて一緒に行ったのはある南方の都市です。

① 我跟父亲去的是一个南方的城市。

② 父亲带我去的是一个南方的城市。

③ 父亲带我是去的一个南方的城市。

④ 父亲跟我去的是一个南方的城市。

(2) 私は両親に北京で仕事を探すようにと言われました。

① 我让父母在北京找工作。

② 被父母在北京我找工作。

③ 父母让我在北京找工作。

④ 被父母我在北京找工作。

4 次の日本語の意味になるように，①～⑤を並べ替えなさい。

(1) 今日私は李さんにお金を借りるために李さんの新聞社まで行きました。

今天我去 ＿＿＿＿ ＿＿＿＿ ＿＿＿＿ ＿＿＿＿ ＿＿＿＿ 了。

① 找　② 借钱　③ 小李　④ 小李的　⑤ 报社

(2) 私たちが借りた家は日当たりもよく，デザインも古風で飾り気がない。

我们租的房子 ＿＿＿＿ ＿＿＿＿ ＿＿＿＿ ＿＿＿＿ ＿＿＿＿ 。

① 样式　② 朝阳　③ 又　④ 古朴　⑤ 既

5 次の日本語を中国語に訳しなさい。

(1) 彼はまた友達と一緒に南方へ旅行に出かけました。

(2) 私はパンは食べません。ウーロン茶が飲みたいだけです。

(3) 田中さんにはサッカーをする友達がたくさんいます。

(4) あちらに自転車が1台あります。(“是”を用いて)

(5) 父はカメラを応接間の机の上に置いて，すぐに寝室に入りました。

第9课 公共自行车

Gōnggòng zìxíngchē

词　语

18

近几年 jìn jǐ nián　この数年．ここ数年
大城市 dà chéngshì　大都市．大都会
看到 kàndào　見かける．見える．目に入る
摆放 bǎifàng 動 据える．安置する
公共自行车 gōnggòng zìxíngchē　公共自転車
只要～即可 zhǐyào～jí kě　～しさえすればよい ⇒ 语法1
事先 shìxiān 副 前もって．事前に
指定网点 zhǐdìng wǎngdiǎn　指定された所
办好 bànhǎo　しておく．やっておく
手续 shǒuxù 名 手続き
领取 lǐngqǔ 動 受け取る
租车卡 zūchēkǎ 名 自転車を借りるためのカード
当～时 dāng～shí　～の時．～した時．～する時 ⇒ 语法2
外出 wàichū 動 外出する
办事 bàn//shì 動 仕事をする
存放 cúnfàng 動 預けておく．置いておく
刷卡 shuā//kǎ 動 カードを入れる．カードで支払う
取车 qǔ chē　自転車を受け取る
而且 接 érqiě かつ．その上．しかも
不必 búbì 副 ～する必要がない ⇒ 语法3
原处 yuánchù 名 元の所
就近 jiùjìn 副 近くで．最寄りの所で
存放处 cúnfàngchù 名 預かり所
～就可以了 ～jiù kěyǐ le　～すればよい ⇒ 语法4
件 jiàn 助数 衣類（主として上着）・事柄などを数える

方便 fāngbiàn 形 動 便利である．都合がよい．便宜を図る
深得民心 shēndé mínxīn　人々から熱烈に支持されている
好事 hǎoshì 名 よいこと．すばらしいこと．慈善事業
当然 dāngrán 副 当然．もちろん
并不是 bìng bú shì　決して～ではない ⇒ 语法5
完全 wánquán 副 完全に
免费 miǎn//fèi 動 無料にする．ただにする
～之内 ～zhīnèi 方 ～以内．～のうち
～以上 ～yǐshàng 方 ～以上．～より上
收 shōu 動 徴収する
最高 zuìgāo　最高である

课　文

19

[1]近几年，在中国的北京、[2]上海等大城市里，[3]可以看到很多地方都摆放着公共自行车。[4]人们**只要**❶→事先到指定网点办好手续，[5]领取租车卡，[6]**当**❷→外出办事需要骑自行车**时**←❷，[7]到存放着公共自行车的地方刷卡取车**即可**←❶。[8]而且，**不必**❸把自行车骑回原处，[9]就近放在公共自行车存放处**就可以了**❹。[10]大家都说，[11]这是一件方便人们外出办事、[12]深得民心的好事。[13]当然，这**并不是**❺完全免费的。[14]一般是一小时之内免费；[15]一小时以上，[16]每小时收一块钱。[17]每天最高收十块钱。

---

[1]Jìn jǐ nián, zài Zhōngguó de Běijīng、[2]Shànghǎi děng dà chéngshì li, [3]kěyǐ kàndào hěn duō dìfang dōu bǎifàngzhe gōnggòng zìxíngchē. [4]Rénmen zhǐyào shìxiān dào zhǐdìng wǎngdiǎn bànhǎo shǒuxù, [5]lǐngqǔ zūchēkǎ, [6]dāng wàichū bànshì xūyào qí zìxíngchē shí, [7]dào cúnfàngzhe gōnggòng zìxíngchē de dìfang shuākǎ qǔ chē jí kě. [8]Érqiě, búbì bǎ zìxíngchē qíhuí yuánchù, [9]jiùjìn fàngzài gōnggòng zìxíngchē cúnfàngchù jiù kěyǐ le. [10]Dàjiā dōu shuō, [11]zhè shì yí jiàn fāngbiàn rénmen wàichū bànshì、[12]shēndé mínxīn de hǎoshì. [13]Dāngrán, zhè bìng bú shì wánquán miǎnfèi de. [14]Yìbān shì yì xiǎoshí zhīnèi miǎnfèi ; [15]yì xiǎo shí yǐshàng, [16]měi xiǎoshí shōu yí kuài qián. [17]Měi tiān zuìgāo shōu shí kuài qián.

语　法

❶ 只要～即可

你只要服三次药即可。
Nǐ zhǐyào fú sān cì yào jí kě.

只要有西红柿、橘子、苹果和黄瓜即可。
Zhǐyào yǒu xīhóngshì、júzi、píngguǒ hé huánggua jí kě.

❷ 当～时

当你十八岁时，就高中毕业了。
Dāng nǐ shíbā suì shí, jiù gāozhōng bìyè le.

当她到了那儿时，小王已经走了。
Dāng tā dàole nàr shí, xiǎo Wáng yǐjīng zǒu le.

❸ 不必

你不必为他这么悲伤。
Nǐ búbì wèi tā zhème bēishāng.

你们不必那么早去大学。
Nǐmen búbì nàme zǎo qù dàxué.

❹ ～就可以了

你们把这本词典放在他的桌子上就可以了。
Nǐmen bǎ zhè běn cídiǎn fàngzài tā de zhuōzi shang jiù kěyǐ le.

告诉他在校门口等就可以了。
Gàosu tā zài xiào ménkǒu děng jiù kěyǐ le.

❺ 并不是

这件事并不是小李说的那样。
Zhè jiàn shì bìng bú shì xiǎo Lǐ shuō de nàyàng.

他并不是很想去见她。
Tā bìng bú shì hěn xiǎng qù jiàn tā.

练　习

1 次の語句を声調の組み合わせによって４つのグループに分けなさい。

摆放　存放　免费　最高　手续　事先　垃圾　客厅
中心　原处　以上　拿到　严重　搬家　外出　中间

(1) ________________　(2) ________________

(3) ________________　(4) ________________

2 次の文の空欄を埋めるのに最も適当なものを①～④の中から１つ選びなさい。

(1) 我们（　　　　）为他担心。
Wǒmen (　　　　) wèi tā dānxīn.

① 不知　② 不比　③ 不必　④ 不如

(2) 你（　　　　）把他叫来即可。
Nǐ (　　　　) bǎ tā jiàolai jí kě.

① 只要　② 只好　③ 只能　④ 只可

(3) 当你退休（　　　　），会有很多钱的。
Dāng nǐ tuìxiū (　　　　), huì yǒu hěn duō qián de.

① 非　② 时　③ 时候　④ 可

(4) 他们（　　　　）不是非要你去不可。
Tāmen (　　　　) bú shì fēi yào nǐ qù bùkě.

① 就　② 使　③ 把　④ 并

(5) 你把这个放在她的房间里就（　　　　）了。
Nǐ bǎ zhège fàngzài tā de fángjiān li jiù (　　　　) le.

① 也许　② 可以　③ 可能　④ 好像

3 次の日本語の意味に合う中国語を①～④の中から１つ選びなさい。

(1) 最近自転車で出勤している人をよく見かけます。

① 最近经常看到人们上班骑着自行车。

② 最近看到经常人们骑着自行车上班。

③ 最近经常看到人们自行车骑着上班。

④ 最近经常看到人们骑着自行车上班。

(2) 東京では人々は皆自転車で子供を幼稚園まで送ります。

① 在东京人们都送孩子去骑自行车幼儿园。

② 在东京人们骑自行车都送孩子去幼儿园。

③ 在东京人们都骑自行车送孩子去幼儿园。

④ 在东京人们都去幼儿园骑自行车送孩子。

4 次の日本語の意味になるように，①～⑤を並べ替えなさい。

(1) 駅前の至る所にたくさん自転車が置かれています。

车站前 ______ ______ ______ ______ ______ 。

① 自行车　② 很多　③ 都　④ 摆放着　⑤ 到处

(2) 公共自転車の設置は，人々に強く支持されているよい事業です。

设置公共自行车是 ______ ______ ______ ______ ______ 。

① 深得　② 一件　③ 好事　④ 的　⑤ 民心

5 次の日本語を中国語に訳しなさい。

(1) 電車に乗る時，私はいつも本を読みます。

(2) あなたは先生とちょっと話してみればいい。

(3) あなたたちは外で家を借りる必要はありません。

(4) このことは決して彼がやったのではありません。

(5) あなたは自転車を私の家に戻しておいてくれさえすればいい。
(戻しておく：骑回)

第10课 乒乓球 Pīngpāngqiú

词　语

20

乒乓球 pīngpāngqiú 名 卓球

项 xiàng 助数 種類・項目を数える

受 shòu 動 受ける

喜爱 xǐ'ài 動 好きである．愛好する．好む

受～喜爱 shòu～xǐ'ài　～に好まれている．～に人気がある

体育 tǐyù 名 体育．スポーツ

运动 yùndòng 名 運動

场地 chǎngdì 名 用地．場所

过高 guò gāo　高すぎる

要求 yāoqiú 動 名 要求する．要求

只要～便～ zhǐyào～biàn～　～しさえすれば～ ⇒ 语法1

块 kuài 助数 塊や広く平らな物を数える

空地 kòngdì 名 空き地．空いた場所

支 zhī 動 支える．広げる

台子 táizi 名 台

来 lái 動 他の動詞の前に用い積極性を表す ⇒ 语法2

无论～还是～ wúlùn～háishi～　～であろうと～であろうと ⇒ 语法3

年幼 niányòu 形 幼い

儿童 értóng 名 児童

上岁数 shàng suìshu　年をとる

老人 lǎorén 名 老人．お年寄り

挥拍上阵 huī pāi shàngzhèn　ラケットを振って出陣する

来回 láihuí 動 名 往復する．往復．ラリー

优秀 yōuxiù 形 優秀である

运动员 yùndòngyuán 名 選手

层出不穷 céngchū-bùqióng　次々と現れて尽きない

这些年 zhèxiē nián　この数年

中国队 Zhōngguó duì　中国チーム

世界杯 shìjièbēi 名 ワールドカップ

锦标赛 jǐnbiāosài 名 選手権大会

奥运会 Àoyùnhuì 名 オリンピック

～上 ～shang 方「名詞＋"上"」で範囲・分野・方面を指す ⇒ 语法4

表现 biǎoxiàn 動 名 表現する．表現．態度

极佳 jí jiā　非常によい

奖杯 jiǎngbēi 名 賞杯．カップ．トロフィー

把～叫做～ bǎ～jiàozuò～　～を～と呼ぶ．～を～という ⇒ 语法5

国球 guóqiú 名 国の代表的な球技

世界冠军 shìjiè guànjūn　世界チャンピオン

更 gèng 副 更に．一層

粉丝如云 fěnsī rúyún　ファンが非常に多い

深 shēn 形 副 深い．奥深い．大変．大いに

崇拜 chóngbài 動 崇拝する．あがめ敬う

课　文

21

[1]在中国，乒乓球是一项很受人们喜爱的体育运动。[2]乒乓球运动既不需要花很多的钱，[3]又对场地没有过高的要求。[4]**只要**❶有一块空地，[5]**便**❶可以支起台子**来**❷打。[6]**无论**❸是年幼的儿童，[7]**还是**❸上岁数的老人，[8]都能挥拍上阵，[9]打上几个来回。[10]因为在中国喜爱乒乓球运动的人很多，[11]所以优秀运动员也层出不穷。

[12]这些年，中国队在世界杯锦标赛和奥运会**上**❹都表现极佳，[13]拿了不少的奖杯，[14]所以在中国**把**❺乒乓球也**叫做**❺“国球”。[15]那些拿到世界冠军的运动员更是粉丝如云，[16]深受人们的崇拜。

---

[1]Zài Zhōngguó, pīngpāngqiú shì yí xiàng hěn shòu rénmen xǐ’ài de tǐyù yùndòng. [2]Pīngpāngqiú yùndòng jì bù xūyào huā hěn duō de qián, [3]yòu duì chǎngdì méiyǒu guò gāo de yāoqiú. [4]Zhǐyào yǒu yí kuài kòngdì, [5]biàn kěyǐ zhīqǐ táizi lái dǎ. [6]Wúlùn shì niányòu de értóng, [7]háishi shàng suìshu de lǎorén, [8]dōu néng huī pāi shàngzhèn, [9]dǎshàng jǐ ge láihuí. [10]Yīnwei zài Zhōngguó xǐ’ài pīngpāngqiú yùndòng de rén hěn duō, [11]suǒyǐ yōuxiù yùndòngyuán yě céngchū-bùqióng.

[12]Zhèxiē nián, Zhōngguó duì zài shìjièbēi jǐnbiāosài hé Àoyùnhuì shang dōu biǎoxiàn jí jiā, [13]nále bùshǎo de jiǎngbēi, [14]suǒyǐ zài Zhōngguó bǎ pīngpāngqiú yě jiàozuò “guóqiú”. [15]Nàxiē nádào shìjiè guànjūn de yùndòngyuán gèng shì fěnsī rúyún, [16]shēn shòu rénmen de chóngbài.

语　法

❶ 只要～便～

只要你肯出钱，我们便可以开公司。
Zhǐyào nǐ kěn chū qián, wǒmen biàn kěyǐ kāi gōngsī.

我们只要把外语学好，便能出国留学。
Wǒmen zhǐyào bǎ wàiyǔ xuéhǎo, biàn néng chūguó liúxué.

❷ 来

这件事还是我来干吧。
Zhè jiàn shì háishi wǒ lái gàn ba.

小王，你来帮李老师一下。
Xiǎo Wáng, nǐ lái bāng Lǐ lǎoshī yíxià.

❸ 无论～还是～

无论明天天冷还是不冷，我们都要来。
Wúlùn míngtiān tiān lěng háishi bù lěng, wǒmen dōu yào lái.

你无论学文科还是学理科，我们都支持。
Nǐ wúlùn xué wénkē háishi xué lǐkē, wǒmen dōu zhīchí.

❹ ～上

事实上她也没有担心你。
Shìshí shang tā yě méiyou dānxīn nǐ.

课堂上你一定要好好儿听老师讲课。
Kètáng shang nǐ yídìng yào hǎohāor tīng lǎoshī jiǎngkè.

❺ 把～叫做～

在中国人们经常把外国人叫做老外。
Zài Zhōngguó rénmen jīngcháng bǎ wàiguórén jiàozuò lǎowài.

我们把这种花叫做菊花。
Wǒmen bǎ zhè zhǒng huā jiàozuò júhuā.

练　习

1 次の語句を声調の組み合わせによって４つのグループに分けなさい。

喜爱　无论　体育　邮票　表现　年幼　场地　崇拜
运动　下雨　大阪　叫做　饭馆　空地　就近　不仅

(1) ____________________　(2) ____________________

(3) ____________________　(4) ____________________

2 次の文の空欄を埋めるのに最も適当なものを①～④の中から１つ選びなさい。

(1) 无论你明天来（　　　　）不来，我们都来。
Wúlùn nǐ míngtiān lái (　　　　) bù lái, wǒmen dōu lái.

① 还是　② 也是　③ 才是　④ 又是

(2) 我们那里把这种菜（　　　　）大头菜。
Wǒmen nàli bǎ zhè zhǒng cài (　　　　) dàtóucài.

① 让坐　② 叫做　③ 被做　④ 看做

(3) 会议（　　　　）没有人同意他的说法。
Huìyì (　　　　) méiyǒu rén tóngyì tā de shuōfǎ.

① 在　② 只　③ 上　④ 下

(4) 我们（　　　　）请李老师讲话。
Wǒmen (　　　　) qǐng Lǐ lǎoshī jiǎnghuà.

① 说　② 叫　③ 让　④ 来

(5) 你（　　　　）回答了，便可以拿到一个礼物。
Nǐ (　　　　) huídá le, biàn kěyǐ nádào yí ge lǐwù.

① 只要　② 无论　③ 只好　④ 之内

3 次の日本語の意味に合う中国語を①～④の中から１つ選びなさい。

(1) 彼らの中には世界チャンピオンになった人も少なからずいます。

① 他们中间成了有不少的人世界冠军。

② 他们中间有不少的人成了世界冠军。

③ 他们中间人成了世界冠军有不少的。

④ 他们中间有人成了不少的世界冠军。

(2) 夏休みの間，毎日卓球をしに行きました。

① 暑假期间我都去每天打乒乓球。

② 暑假期间都我每天去打乒乓球。

③ 暑假期间我去打每天都乒乓球。

④ 暑假期间我每天都去打乒乓球。

4 次の日本語の意味になるように，①～⑤を並べ替えなさい。

(1) 日本女子テニスチームは世界テニス選手権大会でダブルスの優勝を勝ち取りました。

日本网球女队 ＿＿＿＿ ＿＿＿＿ ＿＿＿＿ ＿＿＿＿ ＿＿＿＿ 。

① 上　② 双打　③ 拿到了　④ 冠军　⑤ 在世界杯网球锦标赛

(2) 中国人は卓球というスポーツが大変好きです。

中国人 ＿＿＿＿ ＿＿＿＿ ＿＿＿＿ ＿＿＿＿ ＿＿＿＿ 。

① 喜爱　② 运动　③ 乒乓球　④ 非常　⑤ 都

5 次の日本語を中国語に訳しなさい。

(1) 私は時間がありさえすれば小説を読みます。

(2) 黒い猫にしろ白い猫にしろ猫はとてもかわいい。

(3) 世の中には私たちの知らないものがまだたくさんあります。

(4) 私たちはこの料理を“青椒肉丝”といいます。

(5) 疲れたでしょう。私が書きましょう。

第11课 父母与你

Fùmǔ yǔ nǐ

词　语

22

生命 shēngmìng 名 生命．命

生下来 shēngxiàlai　生まれてくる．生まれる

在～下 zài～xià　～の下《もと》で ⇒ 语法1

影响 yǐngxiǎng 名 動 影響．影響する

做人 zuòrén 動 正しい人間になる

生病 shēng//bìng 動 病気になる

白天 báitiān 名 昼．昼間．日中

黑夜 hēiyè 名 夜中．闇夜

会 huì 助動 可能性を表す．～するだろう．～するはずだ ⇒ 语法2

马上 mǎshàng 副 すぐに

带 dài 動 連れる．率いる．携帯する

医院 yīyuàn 名 病院．医院

看病 kàn//bìng 動 診察する．診察を受ける

并 bìng 接 しかも．その上．そして

彻夜不眠 chèyè bùmián　夜通し寝ずに

守护 shǒuhù 動 番をする．見守る

幼儿园 yòu'éryuán 名 幼稚園

呵护 hēhù 動 愛護する．見守る．保護する

渐渐 jiànjiàn 副 だんだん．次第に

长大 zhǎngdà 動 大きくなる．成長する

成人 chéng//rén 動 大人になる

而 ér 接 逆接・順接・並列の働きをする

当～之后 dāng～zhīhòu　～した後．～してから ⇒ 语法3

毕业 bì//yè 動 卒業する

步入 bùrù 動 足を踏み入れる．入る

次数 cìshù 名 回数．度数

却 què 副 かえって

越来越 yuè lái yuè　ますます．だんだん

以～为由 yǐ～wéi yóu　～を理由にする．～にかこつける ⇒ 语法4

时间 shíjiān 名 時間

忽略 hūlüè 動 なおざりにする．おろそかにする

看望 kànwàng 動 訪問する．会う．見舞う

甚至 shènzhì 副 ～さえ．～すら

连～也～ lián～yě～　～さえも～．～までも～ ⇒ 语法5

嫌 xián 動 嫌う．嫌がる．不満に思う

啰嗦 luōsuo 形（話が）くどい．（小言が多く）煩わしい

操心 cāo//xīn 動 気を遣う．心を煩わす

催婚 cuī//hūn 動 結婚するよう催促する

课　文

23

[1]我们的生命是父母给的，[2]一生下来就**在**❶父母的影响**下**❶学着做人。[3]当我们生病时，[4]父母不管多忙、多累，[5]不管白天黑夜、刮风下雨，[6]他们都**会**❷马上带我们去医院看病，[7]并彻夜不眠地守护着我们。

[8]从幼儿园、小学、中学、高中到大学，[9]我们在父母的呵护下，[10]渐渐长大成人。[11]而**当**❸我们大学毕业步入社会**之后**❸，[12]很多人回家的次数却越来越少。[13]他们会**以**❹工作忙，[14]没有时间**为由**❹，[15]忽略对父母的看望。[16]有的甚至**连**❺春节**也**❺不回家看看。[17]其中有很多人是嫌父母啰嗦，[18]不愿意父母操心自己的生活或被父母催婚。

---

[1]Wǒmen de shēngmìng shì fùmǔ gěi de, [2]yì shēngxiàlai jiù zài fùmǔ de yǐngxiǎng xià xuézhe zuòrén. [3]Dāng wǒmen shēngbìng shí, [4]fùmǔ bùguǎn duō máng、duō lèi, [5]bùguǎn báitiān hēiyè、guā fēng xià yǔ, [6]tāmen dōu huì mǎshàng dài wǒmen qù yīyuàn kànbìng, [7]bìng chèyè bùmián de shǒuhùzhe wǒmen.

[8]Cóng yòu'éryuán、xiǎoxué、zhōngxué、gāozhōng dào dàxué, [9]wǒmen zài fùmǔ de hēhù xià, [10]jiànjiàn zhǎngdà chéngrén. [11]Ér dāng wǒmen dàxué bìyè bùrù shèhuì zhīhòu, [12]hěn duō rén huí jiā de cìshù què yuè lái yuè shǎo. [13]Tāmen huì yǐ gōngzuò máng, [14]méiyǒu shíjiān wéi yóu, [15]hūlüè duì fùmǔ de kànwàng. [16]Yǒude shènzhì lián Chūnjié yě bù huí jiā kànkan. [17]Qízhōng yǒu hěn duō rén shì xián fùmǔ luōsuo, [18]bú yuànyì fùmǔ cāoxīn zìjǐ de shēnghuó huò bèi fùmǔ cuīhūn.

语　法

❶ 在～下

我们在老师的指导下，顺利地完成了任务。
Wǒmen zài lǎoshī de zhǐdǎo xià, shùnlì de wánchéngle rènwu.

在小王的帮助下，我提前做完了作业。
Zài xiǎo Wáng de bāngzhù xià, wǒ tíqián zuòwánle zuòyè.

❷ 会

你不要着急，他会马上到的。
Nǐ búyào zháojí, tā huì mǎshàng dào de.

今天他会去宿舍找你。
Jīntiān tā huì qù sùshè zhǎo nǐ.

❸ 当～之后

当我写完作业之后，她就该回家了。
Dāng wǒ xiěwán zuòyè zhīhòu, tā jiù gāi huí jiā le.

当暑假结束之后，我就要去北京了。
Dāng shǔjià jiéshù zhīhòu, wǒ jiù yào qù Běijīng le.

❹ 以～为由

她总是以身体不好为由不来学校。
Tā zǒngshì yǐ shēntǐ bù hǎo wéi yóu bù lái xuéxiào.

他有时以工作忙为由拒绝宴请。
Tā yǒushí yǐ gōngzuò máng wéi yóu jùjué yànqǐng.

❺ 连～也～

这道数学题连小学生也会做。
Zhè dào shùxuétí lián xiǎoxuéshēng yě huì zuò.

这件事连邻居们也知道了。
Zhè jiàn shì lián línjūmen yě zhīdao le.

练　习

1 次の語句を声調の組み合わせによって４つのグループに分けなさい。

中学　看病　黑夜　当然　春节　香蕉　操心　忽略
催婚　生病　高中　次数　医院　毕业　看望　要求

(1) ______________________　(2) ______________________

(3) ______________________　(4) ______________________

2 次の文の空欄を埋めるのに最も適当なものを①～④の中から１つ選びなさい。

(1) 我常以生活困难为（　　　　）向他借钱。
Wǒ cháng yǐ shēnghuó kùnnan wéi (　　　　) xiàng tā jiè qián.

①由　②因　③当　④并

(2) 现在（　　　　）南方也经常下雪。
Xiànzài (　　　　) nánfāng yě jīngcháng xià xuě.

①都　②连　③来　④把

(3) 当到了你家（　　　　），你就知道了。
Dāng dàole nǐ jiā (　　　　), nǐ jiù zhīdao le.

①只要　②只好　③之内　④之后

(4) 李老师（　　　　）把这些告诉他的。
Lǐ lǎoshī (　　　　) bǎ zhèxiē gàosu tā de.

①间　②件　③会　④才

(5) 在很危险的情况（　　　　），他救了我们。
Zài hěn wēixiǎn de qíngkuàng (　　　　), tā jiùle wǒmen.

①下　②可　③上　④使

3 次の日本語の意味に合う中国語を①～④の中から 1 つ選びなさい。

(1) 雨がますます強くなってきました。

① 雨下越来越得大了。

② 雨越来下越得大了。

③ 雨下得越来越大了。

④ 雨下大得越来越了。

(2) 彼は小学校さえも卒業していません。

① 他连甚至小学都没有毕业。

② 他连小学都没有甚至毕业。

③ 他没有毕业甚至连小学都。

④ 他甚至连小学都没有毕业。

4 次の日本語の意味になるように，①～⑤を並べ替えなさい。

(1) 私が病気で入院するたびに，彼はすぐ病院に見舞いに来てくれます。

我每次生病住院，他都

______ ______ ______ ______ ______ 。

① 医院　② 来　③ 看我　④ 到　⑤ 马上

(2) 私たちは皆両親の庇《ひ》護《ご》の下，大人へと成長していくのです。

我们都 ______ ______ ______ ______ ______ 的。

① 长大　② 成人　③ 是　④ 呵护下　⑤ 在父母的

5 次の日本語を中国語に訳しなさい。

(1) 金曜日に彼は卓球をするはずです。

(2) 北京に着いてから，私は彼女に電話をかけます。

(3) 高橋さんは実家にさえも長い間帰っていません。

(4) 今日彼は天気がよくないのを理由に，授業に来なかった。

(5) 私は王さんが世話をしてくれたおかげで，風邪がもう治りました。

第12课 永远健康

Yǒngyuǎn jiànkāng

词 语

24

李奶奶 Lǐ nǎinai　李おばあさん

曾 céng 副 かつて

体检 tǐjiǎn 動 名 健康診断をする．健康診断

检查 jiǎnchá 動 検査する

患有 huànyǒu　（病気に）かかっている ⇒ 语法1

心脏病 xīnzàngbìng 名 心臓病

随时 suíshí 副 いつでも．常に

可能 kěnéng 名 助動 可能性．見込み．～かもしれない

停止 tíngzhǐ 動 停止する．やめる

跳动 tiàodòng 動 ぴくぴく動く．脈打つ

过去 guòqu 動 過ぎる

一次都没(有)～ yí cì dōu méi(you)～　1度も～しなかった ⇒ 语法2

犯病 fàn//bìng 動 持病が再発する

白内障 báinèizhàng 名 白内障

看不清 kànbuqīng　はっきり見えない

其他 qítā 代 ほかの(もの)．その他の(もの)

几乎 jīhū 副 ほとんど．ほぼ

毛病 máobing 名 間違い．病気．欠点

尤其 yóuqí 副 特に．とりわけ．中でも

皮肤 pífū 名 皮膚

弹性 tánxìng 名 弾性．弾力性

松弛 sōngchí 動 緩んでいる．たるんでいる

老年斑 lǎoniánbān 名 老人の顔にできるしみ

奇迹般地 qíjì bān de　奇跡的に

长出 zhǎngchū　生え出る．生える

新牙 xīn yá　新しい歯

黑头发 hēi tóufa　黒い髪の毛．黒髪

看上去 kànshàngqu　見たところ ⇒ 语法3

年轻 niánqīng 形 若い

这辈子 zhè bèizi　この一生．この世．今生

经历 jīnglì 名 動 経歴．経験．経験する．体験する

风风雨雨 fēngfēngyǔyǔ　多くの艱難《かんなん》辛苦

特殊 tèshū 形 特殊である．特別である

照顾 zhàogù 動 考慮する．世話をする

平时 píngshí 名 ふだん

爱 ài 動 愛する．好きである

算 suàn 動 ～とする．～といえる

南瓜 nángua 名 かぼちゃ

炖肉 dùnròu 名 煮込み肉

顿顿 dùndùn　毎回

作息 zuòxī 名 仕事と休息．生活のリズム

煮 zhǔ 動 煮る

白米饭 báimǐfàn　米の御飯

馄饨 húntun 名 ワンタン

或者 huòzhě 接 あるいは ⇒ 语法5

小米粥 xiǎomǐzhōu　粟《あわ》のおかゆ

至于 zhìyú 前 ～に至っては．～については ⇒ 语法6

这么 zhème 代 こんなに．このように

长寿 chángshòu 形 長寿である

子孙 zǐsūn 名 子孫

心态 xīntài 名 心理状態

平和 pínghé 形 穏やかである

经常 jīngcháng 副 いつも．常に．よく

开玩笑 kāi wánxiào　冗談を言う

野菜 yěcài 名 食用になる野生植物．山菜

课　文

🔊 25

[1]李奶奶今年已经一百零五岁了。[2]六十多岁时她曾做过一次体检，[3]医生检查出老人**患有**❶严重的心脏病。[4]当时医生说老人的心脏随时都有可能停止跳动。[5]可是，四十多年过去了，[6]老人❷**一次都没**犯过病。[7]除了眼睛因白内障渐渐看不清东西，[8]其他地方几乎没有什么大毛病。[9]尤其是她的皮肤有弹性，[10]不松弛，甚至没有一块老年斑。[11]现在又奇迹般地长出了新牙和黑头发。[12]老人**看上去**❸比很多六、七十岁的人还要年轻。

[13]老奶奶这辈子经历了许多风风雨雨，[14]没受过什么特殊的照顾，[15]一般家里人吃**什么**❹→她就吃**什么**←❹，[16]平时最爱吃的就算南瓜和炖肉，[17]几乎顿顿不离。[18]另外，老人每天作息很规律，[19]早上五、六点就起床。[20]早饭煮面条，[21]中午吃白米饭，[22]晚上一般会吃点馄饨**或者**❺小米粥。[23]**至于**❻为什么这么长寿，[24]她的子孙告诉我们可能就是心态平和，[25]生活规律。[26]老人经常自己开玩笑地说：[27]“可能是年轻时野菜吃得多了。”

---

[1]Lǐ nǎinai jīnnián yǐjīng yìbǎi líng wǔ suì le. [2]Liùshí duō suì shí tā céng zuòguo yí cì tǐjiǎn, [3]yīshēng jiǎncháchū lǎorén huànyǒu yánzhòng de xīnzàngbìng. [4]Dāngshí yīshēng shuō lǎorén de xīnzàng suíshí dōu yǒu kěnéng tíngzhǐ tiàodòng. [5]Kěshì, sìshí duō nián guòqu le, [6]lǎorén yí cì dōu méi fànguo bìng. [7]Chúle yǎnjing yīn báinèizhàng jiànjiàn kànbuqīng dōngxi, [8]qítā dìfang jīhū méiyǒu shénme dà máobing. [9]Yóuqí shì tā de pífū yǒu tánxìng, [10]bù sōngchí, shènzhì méiyǒu yí kuài lǎoniánbān. [11]Xiànzài yòu qíjì bān de zhǎngchūle xīn yá hé hēi tóufa. [12]Lǎorén kànshàngqu bǐ hěn duō liù、qīshí suì de rén hái yào niánqīng.

[13]Lǎo nǎinai zhè bèizi jīnglìle xǔduō fēngfēngyǔyǔ, [14]méi shòuguo shénme tèshū de zhàogù, [15]yìbān jiāli rén chī shénme tā jiù chī shénme, [16]píngshí zuì ài chī de jiù suàn nángua hé dùnròu, [17]jīhū dùndùn bù lí. [18]Lìngwài, lǎorén měi tiān zuòxī hěn guīlǜ, [19]zǎoshang wǔ、liù diǎn jiù qǐchuáng. [20]Zǎofàn zhǔ miàntiáo, [21]zhōngwǔ chī báimǐfàn, [22]wǎnshang yìbān huì chī diǎn húntun huòzhě xiǎomǐzhōu. [23]Zhìyú wèi shénme zhème chángshòu, [24]tā de zǐsūn gàosu wǒmen kěnéng jiùshì xīntài pínghé, [25]shēnghuó guīlǜ. [26]Lǎorén jīngcháng zìjǐ kāi wánxiào de shuō : [27]“Kěnéng shì niánqīng shí yěcài chīde duō le.”

语　法

❶ 動詞＋“有”

▶どのように所有・存在しているかを表す。「～してある」「～している」

黑板上写有“明天没课”四个大字。
Hēibǎn shang xiěyǒu “míngtiān méi kè” sì ge dà zì.

在车站大厅里，摆放有残疾人轮椅，旅客可以免费借用。
Zài chēzhàn dàtīng li, bǎifàngyǒu cánjírén lúnyǐ, lǚkè kěyǐ miǎnfèi jièyòng.

❷ “一”＋助数詞（＋名詞）＋“都 / 也”＋否定

▶全否定を表す

他来好几天了，一次都没给我打电话。
Tā lái hǎojǐ tiān le, yí cì dōu méi gěi wǒ dǎ diànhuà.

这几年，他一件新衣服都没有买。
Zhè jǐ nián, tā yí jiàn xīn yīfu dōu méiyou mǎi.

你怎么一口也不吃？Nǐ zěnme yì kǒu yě bù chī?

❸ 看上去

看上去他比你年轻。Kànshàngqu tā bǐ nǐ niánqīng.

看上去小张非常诚实。Kànshàngqu xiǎo Zhāng fēicháng chéngshí.

❹ 疑問詞の呼応用法

▶文の前節と後節に同じ疑問詞を用い，前節の疑問詞が仮に指し示した内容を後節の疑問詞が引き継ぐ。放任・許可などの意味を表す

今天是你的生日，随便点，想吃什么就点什么。
Jīntiān shì nǐ de shēngrì, suíbiàn diǎn, xiǎng chī shénme jiù diǎn shénme.

明天你想去哪儿就去哪儿。Míngtiān nǐ xiǎng qù nǎr jiù qù nǎr.

❺ 或者

星期天，我一般看看电视或者读读报纸。
Xīngqītiān, wǒ yìbān kànkan diànshì huòzhě dúdu bàozhǐ.

今天或者明天你把结果告诉我。
Jīntiān huòzhě míngtiān nǐ bǎ jiéguǒ gàosu wǒ.

❻ 至于

这些都是他送你的。至于你要不要，你自己定。
Zhèxiē dōu shì tā sòng nǐ de. Zhìyú nǐ yào bu yào, nǐ zìjǐ dìng.

明天天气肯定不好，至于下不下雨，还要上网查一查。
Míngtiān tiānqì kěndìng bù hǎo, zhìyú xià bu xià yǔ, hái yào shàngwǎng chá yi chá.

练　习

1 **次の語句を声調の組み合わせによって４つのグループに分けなさい。**

跳动　起床　炖肉　犯病　成绩　检查　寒假　老人
照顾　皮肤　可能　其他　时间　年轻　弹性　长寿

(1) ______________________　(2) ______________________

(3) ______________________　(4) ______________________

2 **次の文の空欄を埋めるのに最も適当なものを①～④の中から１つ選びなさい。**

(1) 你最好这个星期（　　　　）下个星期去一趟。
Nǐ zuìhǎo zhège xīngqī (　　　　) xià ge xīngqī qù yí tàng.

① 或者　② 也许　③ 还要　④ 就要

(2) 他走后一次（　　　　）没来过。
Tā zǒu hòu yí cì (　　　　) méi láiguo.

① 台　② 也　③ 会　④ 要

(3) 他喜欢看（　　　　）就看（　　　　）吧。
Tā xǐhuan kàn (　　　　) jiù kàn (　　　　) ba.

① 几点，几点　② 怎么，怎么　③ 这么，这么　④ 什么，什么

(4) （　　　　）上去他还很年轻。
(　　　　) shàngqu tā hái hěn niánqīng.

① 说　② 看　③ 走　④ 想

(5) 墙上挂（　　　　）两张画儿。
Qiángshang guà (　　　　) liǎng zhāng huàr.

① 从　② 越　③ 有　④ 却

3 次の日本語の意味に合う中国語を①～④の中から１つ選びなさい。

(1) 私がふだん最も愛読しているのは推理小説です。

① 我平时就是推理小说最爱看的。

② 我平时就是最爱看的推理小说。

③ 我平时最爱看的就是推理小说。

④ 我最爱看的就是平时推理小说。

(2) 医者の話では彼は心臓病にかかっている可能性があるという。

① 医生说他有可能患有心脏病。

② 医生说可能他有患有心脏病。

③ 医生说他患有心脏病有可能。

④ 医生有可能说他患有心脏病。

4 次の日本語の意味になるように，①～⑤を並べ替えなさい。

(1) 私たちの学校は１年に１度健康診断をすることを求めます。

我们学校要求我们 ＿＿＿ ＿＿＿ ＿＿＿ ＿＿＿ ＿＿＿ 。

① 一次　② 每年　③ 要　④ 做　⑤ 体检

(2) どうやら，彼の目は既に物がはっきり見えなくなっているようだ。

看上去他 ＿＿＿ ＿＿＿ ＿＿＿ ＿＿＿ ＿＿＿ 东西了。

① 看　② 不清　③ 的　④ 眼睛　⑤ 已经

5 次の日本語を中国語に訳しなさい。

(1) 見たところ，彼は疲れているようです。

(2) あなたは買いたいものを買えばいい。(疑問詞の呼応を用いて)

(3) 私は日曜日は太極拳をするか山登りに行くかのいずれかです。

(4) 李さんのベッドには本や鉛筆などが置いてあります。(「動詞＋“有”」を用いて)

(5) 無料になるかどうかについては，その店に聞いてみたほうがいい。(無料になる：免费)

リスニング編

第1课 自我介绍

Zìwǒ jièshào

词 语

我 wǒ 代

叫 jiào 動 呼ぶ．叫ぶ．～という

赵露 Zhào Lù 名

今年 jīnnián 名

十八岁 shíbā suì

是 shì 動

北京大学 Běijīng Dàxué 名

一年级 yī niánjí

学生 xuésheng 名

我家 wǒ jiā

有 yǒu 動

八口人 bā kǒu rén

爷爷 yéye 名

奶奶 nǎinai 名

爸爸 bàba 名

妈妈 māma 名

姐姐 jiějie 名

妹妹 mèimei 名

弟弟 dìdi 名

和 hé 接

已经 yǐjīng 副

退休 tuìxiū 動 定年退職する

每天 měi tiān

去 qù 動

公园儿 gōngyuánr 名

锻炼 duànliàn 動 鍛える

身体 shēntǐ 名

老师 lǎoshī 名

公司职员 gōngsī zhíyuán

在 zài 副

上中学 shàng zhōngxué　中学校に通う

离 lí 前

大学 dàxué 名

很 hěn 副

远 yuǎn 形

坐 zuò 動

地铁 dìtiě 名 地下鉄

要 yào 動

两个小时 liǎng ge xiǎoshí

选修 xuǎnxiū 動 選択して履修する

日语课 Rìyǔ kè

觉得 juéde 動

不太 bú tài

难 nán 形

学起来 xuéqǐlai　学んでみると．習ってみると

有意思 yǒu yìsi

多大 duō dà

谁 shéi 代

几个小时 jǐ ge xiǎoshí

练　习

1 中国語の文章を聞き, (1) ～ (5) の問いの答えとして最も適当なものを, それぞれ①～④の中から 1 つ選びなさい。 26

27 (1)
① ______ ② ______ ③ ______ ④ ______

28 (2)
① ______ ② ______ ③ ______ ④ ______

29 (3)
① ______ ② ______ ③ ______ ④ ______

30 (4)
① ______ ② ______ ③ ______ ④ ______

31 (5)
① ______ ② ______ ③ ______ ④ ______

2 **1**の中国語の文章を繰り返し聞いて, 全文を書き取りなさい。

第2课 大学生活

Dàxué shēnghuó

词　语

我 wǒ 代
星期一 xīngqīyī 名
星期二 xīngqī'èr 名
星期三 xīngqīsān 名
星期四 xīngqīsì 名
和 hé 接
星期六 xīngqīliù 名
去 qù 動
大学 dàxué 名
星期五 xīngqīwǔ 名
星期天 xīngqītiān 名
打工 dǎ//gōng 動
每天 měi tiān
早上 zǎoshang 名
七点 qī diǎn
起床 qǐ//chuáng 動
七点十五分 qī diǎn shíwǔ fēn
吃 chī 動
早饭 zǎofàn 名
八点 bā diǎn
八点五十分 bā diǎn wǔshí fēn
上课 shàng//kè 動 授業に出る．授業を受ける．授業が始まる
下午 xiàwǔ 名
五点 wǔ diǎn
回家 huí jiā
我们 wǒmen 代
图书馆 túshūguǎn 名
很 hěn 副
大 dà 形
书 shū 名
也 yě 副
多 duō 形
没有 méiyǒu 動 ない．いない（“有”の否定）
课 kè 名
～时 ～shí 名 ～の時．～した時．～する時
就 jiù 副 条件や原因などを受けて結論・結果を導く。
在 zài 前 ～で
那儿 nàr 代
学习 xuéxí 動
星期几 xīngqī jǐ

练 习

1 中国語の文章を聞き，(1) ～ (5) の問いの答えとして最も適当なものを，それぞれ①～④の中から 1 つ選びなさい。 32

33 (1)

① ② ③ ④

34 (2)

① ② ③ ④

35 (3)

① ② ③ ④

36 (4)

① ② ③ ④

37 (5)

① ② ③ ④

2 **1**の中国語の文章を繰り返し聞いて，全文を書き取りなさい。

第3课 买书 Mǎi shū

词　语

我 wǒ 代
朋友 péngyou 名
常 cháng 副 いつも．常に．よく
说 shuō 動
是 shì 動
个 ge 助数
书迷 shūmí 名
总是 zǒngshì 副 いつも
睡觉 shuì//jiào 動
～之前 ～zhī qián 方 ～の前．～する前
看 kàn 動
一会儿 yíhuìr 数量
书 shū 名
打算 dǎsuan 助動
去 qù 動
买 mǎi 動
一本 yì běn
推理小说 tuīlǐ xiǎoshuō
昨天 zuótiān 名
跟 gēn 前
好朋友 hǎo péngyou
小王 xiǎo Wáng
约好 yuēhǎo　ちゃんと約束する．約束しておく
今天 jīntiān 名
上午 shàngwǔ 名
一起 yìqǐ 副
书店 shūdiàn 名
但是 dànshì 接
等 děng 動
半天 bàntiān 数量 半日．長い時間．長い間
他 tā 代
也 yě 副
没 méi 副
来 lái 動
只好 zhǐhǎo 副 ～するほかない．～せざるを得ない
一个人 yí ge rén
喜欢 xǐhuan 動
棋迷 qímí 名 碁や将棋が好きな人．囲碁マニア．将棋マニア
跑步 pǎo//bù 動 駆け足をする．ジョギングをする
笔记本电脑 bǐjìběn diànnǎo
小陈 xiǎo Chén
小张 xiǎo Zhāng
小李 xiǎo Lǐ
电视 diànshì 名
玩儿游戏 wánr yóuxì
听音乐 tīng yīnyuè

练　习

1 中国語の文章を聞き，(1) ～ (5) の問いの答えとして最も適当なものを，それぞれ①～④の中から１つ選びなさい。 38

39 (1)

① ______ ② ______ ③ ______ ④ ______

40 (2)

① ______ ② ______ ③ ______ ④ ______

41 (3)

① ______ ② ______ ③ ______ ④ ______

42 (4)

① ______ ② ______ ③ ______ ④ ______

43 (5)

① ______ ② ______ ③ ______ ④ ______

2 **1**の中国語の文章を繰り返し聞いて，全文を書き取りなさい。

第4课 找工作
Zhǎo gōngzuò

词　语

我 wǒ 代
是 shì 動
一个 yí ge
宅男 zháinán 名（男性の）おたく
总是 zǒngshì 副
迷恋 míliàn 動 夢中になる．熱中する
电游 diànyóu 名
马上 mǎshàng 副
就要～了 jiù yào～le
大学 dàxué 名
毕业 bì//yè 動
但 dàn 接 しかし
不 bù 副
愿意 yuànyì 助動 ～したいと思う
出去 chūqu
工作 gōngzuò 動
打算 dǎsuan 助動
当 dāng 動 ～になる
几年 jǐ nián
啃老族 kěnlǎozú 名 すねかじり族
最近 zuìjìn 名
父母 fùmǔ 名
每天 měi tiān
都 dōu 動
在 zài 副 ～している
劝 quàn 動 勧める．忠告する
一定 yídìng 副 形 きっと．必ず．一定の．ある程度の
要 yào 助動 ～したい．～しなければならない
去 qù 動
找 zhǎo 動
一份 yí fèn　一部．1つ
能 néng 助動
待在 dāizài　～にいる．～にとどまる
家里 jiāli　家の中．家．家庭
觉得 juéde 動
说 shuō 動
有 yǒu 動
道理 dàoli 名
为了 wèile 前 ～のために
惹 rě 動 引き起こす
生气 shēng//qì 動 怒る
随便 suíbiàn 形 自由である．気軽である
先 xiān 副
干 gàn 動
～着 ～zhe 助
手机 shǒujī 名
跳舞 tiào//wǔ 動
做饭 zuò fàn
打扫卫生 dǎsǎo wèishēng
电影 diànyǐng 名
明年 míngnián 名
去年 qùnián 名
两年后 liǎng nián hòu
下个月 xià ge yuè

练 习

1 中国語の文章を聞き，(1) ～ (5) の問いの答えとして最も適当なものを，それぞれ①～④の中から 1 つ選びなさい。 44

45 (1)

① ____ ② ____ ③ ____ ④ ____

46 (2)

① ____ ② ____ ③ ____ ④ ____

47 (3)

① ____ ② ____ ③ ____ ④ ____

48 (4)

① ____ ② ____ ③ ____ ④ ____

49 (5)

① ____ ② ____ ③ ____ ④ ____

2 **1**の中国語の文章を繰り返し聞いて，全文を書き取りなさい。

第5课 过生日
Guò shēngrì

词　语

今天 jīntiān 名
是 shì 動
美国 Měiguó 名
同学 tóngxué 名 同級生．クラスメート．～さん．～君
马力 Mǎlì 名
生日 shēngrì 名
我们 wǒmen 代
在 zài 前 ～で
宿舍 sùshè 名
给 gěi 前
他 tā 代
举办 jǔbàn 動 行う．開催する
一个 yí ge
盛大 shèngdà 形 盛大である
晚会 wǎnhuì 名（夜の）パーティー
我 wǒ 代
做 zuò 動
饺子 jiǎozi 名
日本 Rìběn 名
买来 mǎilai
寿司 shòusī 名
法国 Fǎguó 名
准备 zhǔnbèi 動 準備する
蛋糕 dàngāo 名
韩国 Hánguó 名
带来 dàilai　持って来る
自己 zìjǐ 代
泡菜 pàocài 名 酸味のある漬物．キムチ
巴基斯坦 Bājīsītǎn 名 パキスタン
为 wèi 前　～のために
咖喱饭 gālífàn 名 カレーライス
～上 ～shang 方 ～の上．～において
大家 dàjiā 代
一起 yìqǐ 副
举杯 jǔ bēi　杯を挙げる
祝 zhù 動 祝う．祈る
快乐 kuàilè 形 愉快である
教室 jiàoshì 名
家里 jiāli
酒馆 jiǔguǎn 名
生鱼片儿 shēngyúpiànr 名 刺身（“刺身” cìshēn とも）

练　习

1 中国語の文章を聞き，(1) ～ (5) の問いの答えとして最も適当なものを，それぞれ①～④の中から 1 つ選びなさい。 50

51 (1)

① ______ ② ______ ③ ______ ④ ______

52 (2)

① ______ ② ______ ③ ______ ④ ______

53 (3)

① ______ ② ______ ③ ______ ④ ______

54 (4)

① ______ ② ______ ③ ______ ④ ______

55 (5)

① ______ ② ______ ③ ______ ④ ______

2 **1**の中国語の文章を繰り返し聞いて，全文を書き取りなさい。

第6课 买水果
Mǎi shuǐguǒ

词 语

今天 jīntiān 名
我 wǒ 代
和 hé 接
小陈 xiǎo Chén
去 qù 動
买 mǎi 動
水果 shuǐguǒ 名
在 zài 前
路上 lùshang 名 路上．途中
遇到 yùdào 会う．出会う
前两天 qián liǎng tiān 数日前
认识 rènshi 動 知り合う
山田 Shāntián 名
正好 zhènghǎo 副 ちょうど
他 tā 代
也 yě 副
要 yào 助動
超市 chāoshì 名 スーパーマーケット
所以 suǒyǐ 接 だから
我们 wǒmen 代
三人 sān rén
一起 yìqǐ 副
附近 fùjìn 名 付近．近く
虽然～但～ suīrán～dàn～ ～ではあるが～
大 dà 形
东西 dōngxi 名 物．品物．商品
少 shǎo 形 少ない
而且 érqiě 接 そして．しかも
价格 jiàgé 名 価格
贵 guì 形
苹果 píngguǒ 名 りんご
橘子 júzi 名 みかん
柿子 shìzi 名 柿
葡萄 pútao 名 ぶどう
牛奶 niúnǎi 名
红薯 hóngshǔ 名 さつまいも
词典 cídiǎn 名
衣服 yīfu 名
碰见 pèng//jiàn 動 出会う．出くわす
佐藤 Zuǒténg 名
田中 Tiánzhōng 名

练　习

1 中国語の文章を聞き，(1) ～ (5) の問いの答えとして最も適当なものを，それぞれ①～④の中から 1 つ選びなさい。 56

57 (1)

① ＿＿＿＿ ② ＿＿＿＿ ③ ＿＿＿＿ ④ ＿＿＿＿

58 (2)

① ＿＿＿＿ ② ＿＿＿＿ ③ ＿＿＿＿ ④ ＿＿＿＿

59 (3)

① ＿＿＿＿ ② ＿＿＿＿ ③ ＿＿＿＿ ④ ＿＿＿＿

60 (4)

① ＿＿＿＿ ② ＿＿＿＿ ③ ＿＿＿＿ ④ ＿＿＿＿

61 (5)

① ＿＿＿＿ ② ＿＿＿＿ ③ ＿＿＿＿ ④ ＿＿＿＿

2 **1**の中国語の文章を繰り返し聞いて，全文を書き取りなさい。

第7课 干杯

Gānbēi

词　语

今天 jīntiān 名

下班 xià//bān 動 仕事が終わる．退勤する

～后 ～hòu 方

我 wǒ 代

约 yuē 動 約束する．招く．誘う

佐藤 Zuǒténg 名

一起 yìqǐ 副

去 qù 動

喝 hē 動

酒 jiǔ 名

到 dào 動

酒馆 jiǔguǎn 名 居酒屋

我们 wǒmen 代

点 diǎn 動 注文する

些 xiē 助数 少し．いくらか

菜 cài 名

要 yào 動 要求する．頼む．求める

壶 hú 助数 つぼに入った液体を数える

日本清酒 Rìběn qīngjiǔ

就 jiù 副 条件や原因などを受けて結論・結果を導く

喝起来 hēqǐlai　飲み始める

第一杯 dì-yī bēi　1杯目

相互 xiānghù 副

碰杯 pèng//bēi 動（乾杯する時）杯を合わせる

一饮而尽 yì yǐn ér jìn　一気に飲み干す

以后 yǐhòu 方

随意 suíyì 形 自由である．気軽である

告诉 gàosu 動

他 tā 代

在 zài 前

中国 Zhōngguó 名

经常 jīngcháng 副 いつも．常に．よく

跟 gēn 前

中国朋友 Zhōngguó péngyou

每次 měi cì　毎回．毎度．いつも

～时 ～shí 名

如果 rúguǒ 接 もし～ならば

说 shuō 動

干杯 gān//bēi 動

一定 yídìng 副

要 yào 助動 ～したい．～しなければならない

全都 quándōu 副 全部．すべて

喝完 hēwán

所以 suǒyǐ 接

喝醉 hēzuì　（酒を飲んで）酔う

高桥 Gāoqiáo 名

白酒 báijiǔ 名

绍兴酒 shàoxīngjiǔ 名

茅台酒 máotáijiǔ 名

一点儿一点儿地 yìdiǎnr yìdiǎnr de　少しずつ

慢慢儿地 mànmānr de

练　习

1 **中国語の文章を聞き，(1) ～ (5) の問いの答えとして最も適当なものを，それぞれ①～④の中から１つ選びなさい。** 62

63 (1)

① ＿＿＿＿　② ＿＿＿＿　③ ＿＿＿＿　④ ＿＿＿＿

64 (2)

① ＿＿＿＿　② ＿＿＿＿　③ ＿＿＿＿　④ ＿＿＿＿

65 (3)

① ＿＿＿＿　② ＿＿＿＿　③ ＿＿＿＿　④ ＿＿＿＿

66 (4)

① ＿＿＿＿　② ＿＿＿＿　③ ＿＿＿＿　④ ＿＿＿＿

67 (5)

① ＿＿＿＿　② ＿＿＿＿　③ ＿＿＿＿　④ ＿＿＿＿

2 **1の中国語の文章を繰り返し聞いて，全文を書き取りなさい。**

第8课 幸福 Xìngfú

词　语

他 tā 代
终于 zhōngyú 副 ついに．とうとう
结婚 jié//hūn 動
找 zhǎo 動 探す
一个 yí ge
比 bǐ 前 ～より
小 xiǎo 形
六岁 liù suì
日本 Rìběn 名
姑娘 gūniang 名 女の子．娘（未婚の女性）
今天 jīntiān 名
是 shì 動
～后 ～hòu 方
第一次 dì-yī cì
下班 xià//bān 動
回家 huí jiā
刚～就～ gāng～jiù～　～するとすぐ～する
打开 dǎkāi 動 開ける
房门 fángmén 名 玄関のドア
发现 fāxiàn 動 発見する．見つける．気付く
漂亮 piàoliang 形 きれいである．美しい
妻子 qīzi 名
已经 yǐjīng 副
等在 děngzài　～で待つ
门口 ménkǒu 名 入口．出口．戸口
拉 lā 動 引く．引っ張る
～着 ～zhe 助 ～している．～して．～しながら
手 shǒu 名
走进 zǒujìn　歩いて入る．入る
客厅 kètīng 名 応接間．客間
放下 fàngxià　下に置く．下ろす
背包 bēibāo 名 リュックサック

又 yòu 副 また
一起 yìqǐ 副
进 jìn 動
餐厅 cāntīng 名 食堂．ダイニングルーム
饭桌 fànzhuō 名 食卓．テーブル
～上 ～shang 方
放 fàng 動
许多 xǔduō 数 多い．たくさん
好吃 hǎochī 形
饭菜 fàncài 名 御飯とおかず．御飯のおかず．料理
一下子 yíxiàzi 副 いきなり．急に
高兴地 gāoxìng de　うれしそうに
跳起来 tiàoqǐlai　跳び上がる
像～一样 xiàng～yíyàng　～のようだ
孩子 háizi 名 子供
厨房 chúfáng 名
卧室 wòshì 名
碟子 diézi 名
碗 wǎn 名
蔬菜 shūcài 名
面包 miànbāo 名
怀孕 huái//yùn 動
客人 kèren 名
爸妈 bàmā 名

练 习

1 中国語の文章を聞き, (1) ～ (5) の問いの答えとして最も適当なものを, それぞれ①～④の中から１つ選びなさい。 68

69 (1)

① ② ③ ④

70 (2)

① ② ③ ④

71 (3)

① ② ③ ④

72 (4)

① ② ③ ④

73 (5)

① ② ③ ④

2 **1**の中国語の文章を繰り返し聞いて, 全文を書き取りなさい。

第9课 两个女人的对话

Liǎng ge nǚrén de duìhuà

词　语

有一天 yǒu yìtiān　ある日

两个 liǎng ge

女人 nǚrén 名

坐在 zuòzài　～に座る

公园儿 gōngyuánr 名

椅子 yǐzi 名

～上 ～shang 方

聊天儿 liáo//tiānr 動 世間話をする．雑談する

老李 lǎo Lǐ　李さん

听说 tīngshuō 動 聞くところによると～だそうだ．～と聞いている

儿子 érzi 名

结婚 jié//hūn 動

是的 shì de

都 dōu 副

孩子 háizi 名

他们 tāmen 代

生活 shēnghuó 動

得 de 助 様態補語を導く

还 hái 副

什么 shénme 代

就是 jiùshì 副 ただ～．～だけ

妻子 qīzi 名

干活 gàn//huó　仕事をする．働く

买菜 mǎi cài

洗 xǐ 動

衣服 yīfu 名

带孩子 dài háizi　子供の面倒を見る

等 děng 助 ～など

要 yào 助動 ～したい．～しなければならない

干 gàn 動 する．やる

能干 nénggàn 形 仕事がよくできる．能力がある

就 jiù 副 条件や原因などを受けて結論・結果を導く

让 ràng 動 ～させる

多 duō 形

做 zuò 動 する．やる

点儿 diǎnr 助数 少し（“一点儿”の略）

老王 lǎo Wáng　王さん

女儿 nǚ'ér 名

结 jié 動 結ぶ．結婚する

找 zhǎo 動 探す

好丈夫 hǎo zhàngfu　よい夫

家里 jiāli

所有 suǒyǒu 形 あらゆる．すべての

家务 jiāwù 名 家事

由 yóu 前 ～によって．～から．～が

先生 xiānsheng 名 夫．だんなさん

怎么 zěnme 代 なぜ．どうして

能 néng 助動 ～できる

这样 zhèyàng 代 こうである．そうである

呢 ne 助 話し手のいぶかる気持ちを強めたり，また聞き手に深く考えさせたりする働きをする

不怎么 bù zěnme　そんなに～ない

打工 dǎ//gōng 動

儿媳 érxí 名 息子の嫁（“儿媳妇儿” érxífur とも）

练 习

1 中国語の対話を聞き,(1) ～ (5) の問いの答えとして最も適当なものを,それぞれ①～④の中から１つ選びなさい。 74

75 (1)

① ＿＿＿＿ ② ＿＿＿＿ ③ ＿＿＿＿ ④ ＿＿＿＿

76 (2)

① ＿＿＿＿ ② ＿＿＿＿ ③ ＿＿＿＿ ④ ＿＿＿＿

77 (3)

① ＿＿＿＿ ② ＿＿＿＿ ③ ＿＿＿＿ ④ ＿＿＿＿

78 (4)

① ＿＿＿＿ ② ＿＿＿＿ ③ ＿＿＿＿ ④ ＿＿＿＿

79 (5)

① ＿＿＿＿ ② ＿＿＿＿ ③ ＿＿＿＿ ④ ＿＿＿＿

2 **1**の中国語の対話を繰り返し聞いて,全文を書き取りなさい。

第10课 晨练
Chénliàn

词　语

晨练 chénliàn 動 早朝トレーニングをする

就 jiù 副「ほかでもなく」という断定的な意を加える

早晨 zǎochen 名 朝

锻炼 duànliàn 動 鍛える

身体 shēntǐ 名

意思 yìsi 名 意味

大家 dàjiā 名 みんな

都 dōu 副

知道 zhīdao 動 知る．知っている

在 zài 前

日本 Rìběn 名

出去 chūqu

人 rén 名

不是 bú shì

很 hěn 副

多 duō 形

但是 dànshì 接

中国 Zhōngguó 名

到 dào 動

公园儿 gōngyuánr 名

或 huò 接 あるいは

广场 guǎngchǎng 名

进行 jìnxíng 動

非常 fēicháng 副

有的 yǒude 代 ある人．ある物

去 qù 動

散步 sàn//bù 動

打 dǎ 動（太極拳・卓球などを）する

太极拳 tàijíquán 名

下棋 xià//qí　囲碁を打つ．将棋を指す

跳 tiào 動 跳ぶ．跳び上がる．踊る

老年 lǎonián 名 老年．高齢

健康舞 jiànkāng wǔ　健康ダンス

参加 cānjiā 動

各种 gè zhǒng　各種の．さまざまな

俱乐部 jùlèbù 名

活动 huódòng 名

总之 zǒngzhī 接 要するに．とにかく

早上 zǎoshang 名

六点 liù diǎn

前后 qiánhòu 方

呼吸 hūxī 動 呼吸する

新鲜 xīnxiān 形 新鮮である

空气 kōngqì 名

网球 wǎngqiú 名

看到 kàndào　見える．見かける

篮球 lánqiú 名 バスケットボール

围棋 wéiqí 名 囲碁

唱歌儿 chàng gēr

聊天儿 liáo//tiānr 動

跑步 pǎo//bù 動

遛狗 liù gǒu　犬を連れて運動させる．犬を散歩させる

买菜 mǎi cài

练　习

1 中国語の文章を聞き，(1) ～ (5) の問いの答えとして最も適当なものを，それぞれ①～④の中から 1 つ選びなさい。 80

81 (1)

① ② ③ ④

82 (2)

① ② ③ ④

83 (3)

① ② ③ ④

84 (4)

① ② ③ ④

85 (5)

① ② ③ ④

2 **1**の中国語の文章を繰り返し聞いて，全文を書き取りなさい。

第11课 逛商店
Guàng shāngdiàn

词　语

在 zài 前 ～で
日本 Rìběn 名
很 hěn 副
少 shǎo 形
看见 kànjiàn 動 見える．見かける．目に入る
丈夫 zhàngfu 名 夫
跟 gēn 前
妻子 qīzi 名 妻．女房．奥さん
一起 yìqǐ 副
去 qù 動
商店 shāngdiàn 名
或 huò 接 あるいは
超市 chāoshì 名
买 mǎi 動
东西 dōngxi 名
但是 dànshì 接
中国 Zhōngguó 名
经常 jīngcháng 副
能 néng 助動
夫妻 fūqī 名 夫婦
菜市场 càishìchǎng 名 マーケット（食料品や日用品を売る小売店の集まり）
百货商店 bǎihuò shāngdiàn　デパート．百貨店
当然 dāngrán 副 当然．もちろん
一般 yìbān 形 普通である．一般的である
后面 hòumiàn 方
没有 méiyǒu 動 ない．いない（“有”の否定）
多少 duōshao 代 どれほど．どれくらい
发言权 fāyánquán 名 発言権
不过 búguò 接
这 zhè 代
对于～来说 duìyú～lái shuō　～にとって
他们 tāmen 代
也 yě 副
是 shì 動
一个 yí ge
创建 chuàngjiàn 動 創立する．創設する
温馨 wēnxīn 形 暖かでよい香りがする．温かい
家庭 jiātíng 名
和 hé 前
交流 jiāoliú 動 交流する
情感 qínggǎn 名 感情
好 hǎo 形
机会 jīhui 名 機会．チャンス
有时 yǒushí 副
星期天 xīngqītiān 名
西红柿 xīhóngshì 名
茄子 qiézi 名
黄瓜 huánggua 名
油菜 yóucài 名 油菜．チンゲンサイ

练 习

1 中国語の文章を聞き,（1）～（5）の問いの答えとして最も適当なものを，それぞれ①～④の中から１つ選びなさい。 86

87 (1)

① ＿＿＿＿ ② ＿＿＿＿ ③ ＿＿＿＿ ④ ＿＿＿＿

88 (2)

① ＿＿＿＿ ② ＿＿＿＿ ③ ＿＿＿＿ ④ ＿＿＿＿

89 (3)

① ＿＿＿＿ ② ＿＿＿＿ ③ ＿＿＿＿ ④ ＿＿＿＿

90 (4)

① ＿＿＿＿ ② ＿＿＿＿ ③ ＿＿＿＿ ④ ＿＿＿＿

91 (5)

① ＿＿＿＿ ② ＿＿＿＿ ③ ＿＿＿＿ ④ ＿＿＿＿

2 **1**の中国語の文章を繰り返し聞いて，全文を書き取りなさい。

第12课 看棒球赛 Kàn bàngqiúsài

词　语

今天 jīntiān 名
晚上 wǎnshang 名
跟 gēn 前
女朋友 nǚpéngyou 名
到 dào 動 到着する．着く
后乐园 Hòulèyuán 名 後楽園
附近 fùjìn 名 付近．近く
散步 sàn//bù 動 散歩する
看到 kàndào 動 見かける．見える．目に入る
东京 Dōngjīng 名
棒球场 bàngqiúchǎng
～里 ～li 方
正在 zhèngzài 副
进行 jìnxíng 動 行う
棒球比赛 bàngqiú bǐsài
巨人队 Jùrén duì
和 hé 接
阪神队 Bǎnshén duì
比赛 bǐsài 名
于是 yúshì 接 そこで．それで．そして
买 mǎi 動
两张 liǎng zhāng
比较 bǐjiào 副
便宜 piányi 形
票 piào 名
进 jìn 動
里面 lǐmiàn 方 中．内側
观众 guānzhòng 名 観衆．見物人
很多 hěn duō
只有 zhǐyǒu 接 ただ～だけ
双方 shuāngfāng 名 双方
啦啦队 lālāduì 名 応援団
在 zài 副
拼命地 pīnmìng de　懸命に．一生懸命
声援 shēngyuán 動 応援する
自己 zìjǐ 代
球队 qiúduì 名 (球技の) チーム
投手 tóushǒu 名 投手
发挥 fāhuī 動 (実力などを) 発揮する
得 de 助 様態補語を導く
不太 bú tài
不过 búguò 接 ただし．ただ．でも
队员 duìyuán 名 隊員．チームメート．選手
最后 zuìhòu 名
两队 liǎng duì　2つのチーム．両チーム
以 yǐ 前 ～で．～をもって
一比一 yī bǐ yī　1対1
打成 dǎchéng　("打" して) ～になる
平手 píngshǒu 名 引き分け
马票 mǎpiào 名 馬券
乒乓球赛 pīngpāngqiúsài 名
棒球赛 bàngqiúsài 名
网球赛 wǎngqiúsài 名
篮球赛 lánqiúsài 名
一般 yìbān 形 普通である．一般的である
特别 tèbié 副
赢 yíng 動 勝つ

练　习

1 中国語の文章を聞き，(1) ～ (5) の問いの答えとして最も適当なものを，それぞれ①～④の中から１つ選びなさい。 92

93 (1)
① ② ③ ④

94 (2)
① ② ③ ④

95 (3)
① ② ③ ④

96 (4)
① ② ③ ④

97 (5)
① ② ③ ④

2 **1**の中国語の文章を繰り返し聞いて，全文を書き取りなさい。

語句索引

語句索引

読解編の「词语」をピンイン順および訳語の五十音順に
それぞれ配列しました。数字は掲載頁を示します。

(1) ピンイン順（第1字が同じものはまとめて掲げました）

事業　50

好运 hǎoyùn 名 幸運　32

呵护 hēhù 動 愛護する．見守る．保護する　62

盒饭 héfàn 名 弁当　26

黑头发 hēi tóufa　黒い髪の毛．黒髪　68

黑夜 hēiyè 名 夜中．闇夜　62

很久 hěn jiǔ　とても長い間．ずっと長いこと　44

后边 hòubian 方 後ろ　14

后悔 hòuhuǐ 動 後悔する　38

后悔药 hòuhuǐyào 名 後悔に付ける薬（後悔の念を断ち切る方法）　38

忽略 hūlüè 動 なおざりにする．おろそかにする　62

花 huā 動（金・時間などを）使う．消費する　38

换 huàn 動 換える．取り換える　38

患有 huànyǒu　（病気に）かかっている　68

挥拍上阵 huī pāi shàngzhèn　ラケットを振って出陣する　56

会 huì 助動 可能性を表す．～するだろう．～するはずだ　62

馄饨 húntun 名 ワンタン　68

或者 huòzhě 接 あるいは　68

J

几乎 jīhū 副 ほとんど．ほぼ　68

及 jí 接 および　14

极佳 jí jiā　非常によい　56

棘手 jíshǒu 形 手を焼く．手に余る．やっかいである　20

记得 jìde 動 覚えている　44

记住 jìzhù　覚える．記憶する　8

既然～就～ jìrán～jiù～　～である以上～　38

既～又～ jì～yòu～　～でもあれば～でもある　26

家 jiā 助数 家・店・企業などを数える　44

家庭 jiātíng 名 家庭　32

间 jiān 助数 部屋を数える　44

检查 jiǎnchá 動 検査する　68

件 jiàn 助数 衣類（主として上着）・事柄などを数える　50

渐渐 jiànjiàn 副 だんだん．次第に　62

键盘 jiànpán 名 キーボード　38

建议 jiànyì 動 名 提案する．意見を出す．提案　2, 38

奖杯 jiǎngbēi 名 賞杯．カップ．トロフィー　56

讲解 jiǎngjiě 動 説明する．解説する　14

教育 jiàoyù 動 教育する　32

结果 jiéguǒ 名 接 結果．結局　38

节假日 jiéjiàrì 名 祝日と休日．休みの日　2

解决 jiějué 動 解決する　20

金阁寺 Jīngésì 名 金閣寺　14

锦标赛 jǐnbiāosài 名 選手権大会　56

尽管～但(是)～ jǐnguǎn～dàn(shì)～　～にもかかわらず～．～ではあるが～　14

尽快 jǐnkuài 副 なるべく早く．できるだけ早く　2

近几年 jìn jǐ nián　この数年．ここ数年　50

经常 jīngcháng 副 いつも．常に．よく　68

经历 jīnglì 名 動 経歴．経験．経験する．体験する　68

京都 Jīngdū 名 京都　14

精疲力尽 jīngpí-lìjìn　精も根も尽き果てる　26

就 jiù 副「ほかでもなく」という断定的な意を加える　20

就 jiù 副 すぐに　44

～就好了 ～jiù hǎo le　～すればよい　38

就近 jiùjìn 副 近くで．最寄りの所で　50

～就可以了 ～jiù kěyǐ le　～すればよい　50

捐给 juāngěi　～に寄付する　32

决定 juédìng 動 決める．決定する　2

K

开玩笑 kāi wánxiào　冗談を言う　68

看病 kàn//bìng 動 診察する．診察を受ける　62

看不清 kànbuqīng　はっきり見えない　68

看到 kàndào　見かける．見える．目に入る　50

看上 kànshàng　気に入る．好きになる　44

看上去 kànshàngqu　見たところ　68

看望 kànwàng 動 訪問する．会う．見舞う　62

考 kǎo 動 試験を受ける．試験する　8

可 kě 副 断定的な意を強めたり，ようやく実現したことを表したりする　38

可口 kěkǒu 形 口に合う．おいしい　26

可能 kěnéng 名 助動 可能性．見込み．～かもしれない　68

客厅 kètīng 名 応接間．客間　44

课文 kèwén 名 教科書の本文　8

深 shēn 形 副 深い．奥深い．大変．大いに　56
深得民心 shēndé mínxīn　人々から熱烈に支持されている　50
身上 shēnshang 名 体（に）．身（に）　32
申遗 shēnyí　世界遺産申請　20
神户 Shénhù 名 神戸　14
甚至 shènzhì 副 ～さえ．～すら　62
生病 shēng//bìng 動 病気になる　62
生活 shēnghuó 名 動 生活．生活する．暮らす　32
生命 shēngmìng 名 生命．命　62
生下来 shēngxiàlai　生まれてくる．生まれる　62
升起 shēngqǐ　昇る　20
省吃俭用 shěng chī jiǎn yòng　倹約して暮らす　32
师傅 shīfu 名 師匠．特殊な技能を持つ人に対する尊称　38
时间 shíjiān 名 時間　8, 62
使 shǐ 動（～に）～させる　32
世界 shìjiè 名 世界　20
世界杯 shìjièbēi 名 ワールドカップ　56
世界冠军 shìjiè guànjūn　世界チャンピオン　56
世上 shìshàng 名 世間．世の中　38
事先 shìxiān 副 前もって．事前に　50
事业 shìyè 名 事業．（社会的）活動　32
收 shōu 動 徴収する　50
收拾 shōushi 動 片づける．整理する　44
守护 shǒuhù 動 番をする．見守る　62
首先 shǒuxiān 副 まず．最初に　44
手续 shǒuxù 名 手続き　50
受 shòu 動 受ける　56
受～喜爱 shòu~xǐ'ài　～に好まれている．～に人気がある　56
蔬菜 shūcài 名 野菜　26
刷卡 shuā//kǎ 動 カードを入れる．カードで支払う　50
水平 shuǐpíng 名 レベル　2
顺利地 shùnlì de　順調に　32
说什么也 shuō shénme yě　何を言っても．どうしても　38
松弛 sōngchí 動 緩んでいる．たるんでいる　68
宿舍 sùshè 名 寮．宿舎　26
算 suàn 動 ～とする．～といえる　68
虽然～但(是)～ suīrán~dàn(shì)~　～ではあるが～．～にもかかわらず～　14
随时 suíshí 副 いつでも．常に　68
所 suǒ 助数 家屋・学校・病院などを数える　2
所以 suǒyǐ 接 だから　8

T

台子 táizi 名 台　56
太阳 tàiyang 名 太陽　20
弹性 tánxìng 名 弾性．弾力性　68
躺 tǎng 動 横になる　8
套 tào 助数 組になっている事物を数える．セット．組．一式　44
特殊 tèshū 形 特殊である．特別である　68
提高 tígāo 動 高める．向上させる　2
提前 tíqián 動 繰り上げる．早める　8
体检 tǐjiǎn 動 名 健康診断をする．健康診断　68
体育 tǐyù 名 体育．スポーツ　56
跳动 tiàodòng 動 ぴくぴく動く．脈打つ　68
听 tīng 動 聞く　38
停 tíng 動 停止する．やめる．止める　8
停止 tíngzhǐ 動 停止する．やめる　68

W

外出 wàichū 動 外出する　50
外面 wàimiàn 方 外．外側　26
完成 wánchéng 動 完成する．成し遂げる　32
完全 wánquán 副 完全に　50
王府井大街 Wángfǔjǐng dàjiē 名 王府井大街　2
为 wéi 動 ～とする．～になる．～とみなす　20
维修 wéixiū 動 修理する　38
维修费 wéixiūfèi 名 修理代　38
为 wèi 前 ～のために．～に　26
为了 wèile 前 ～のために　2
文化 wénhuà 名 文化　2
问题 wèntí 名 問題　20
卧室 wòshì 名 寝室　44
无论～还是～ wúlùn~háishi~　～であろうと～であろうと　56

X

希望 xīwàng 動 名 希望する．希望　20
喜爱 xǐ'ài 動 好きである．愛好する．好む　56
～下来 ~xiàlai　動作が安定的な状態に落ち着く場合に用いる　8
嫌 xián 動 嫌う．嫌がる．不満に思う　62

(2) 訳語の五十音順

あ

おろそかにする　忽略 hūlüè 動　62

か

カードで支払う　刷卡 shuā//kǎ 動　50
カードを入れる　刷卡 shuā//kǎ 動　50
解決する　解决 jiějué 動　20
外出する　外出 wàichū 動　50
回数　次数 cìshù 名　62
解説する　讲解 jiǎngjiě 動　14
改善する　改善 gǎishàn 動　8
回転する　转 zhuàn 動　2
ガイド　导游 dǎoyóu 名　14
かえって　却 què 副　62
換える　换 huàn 動　38
家屋　房子 fángzi 名　44
家屋・学校・病院などを数える　所 suǒ 助数　2
(病気に) かかっている　患有 huànyǒu　68
学業　学业 xuéyè 名　32
風が吹く　刮风 guā fēng　8
家族全員　全家 quánjiā 名　44
片づける　收拾 shōushi 動　44
塊や広く平らな物を数える　块 kuài 助数　56
かつ　而且 érqiě 接　50
かつて　曾 céng 副　68
(社会的) 活動　事业 shìyè 名　32
カップ　奖杯 jiǎngbēi 名　56
家庭　家庭 jiātíng 名　32
～か～のいずれかである　不是～就是～ bú shì ～jiù shì～　26
可能性　可能 kěnéng 名　68
かぼちゃ　南瓜 nángua 名　68
雷を伴うにわか雨　雷阵雨 léizhènyǔ 名　8
カメラ　照相机 zhàoxiàngjī 名　14
～かもしれない　可能 kěnéng 助動　68
～から　跟 gēn 前　26
体 (に)　身上 shēnshang 名　32
借りる　租下 zūxià　44
観光客　游客 yóukè 名　14
観光する　观光 guānguāng 動　20
旅游 lǚyóu 動　8
感謝する　感谢 gǎnxiè 動　32
完成する　完成 wánchéng 動　32
完全に　完全 wánquán 副　50
キーボード　键盘 jiànpán 名　38
記憶する　记住 jìzhù　8
期間　期间 qījiān 名　2, 26
聞く　听 tīng 動　38
奇跡的に　奇迹般地 qíjì bān de　68
規則　规律 guīlǜ 名　26
規則正しい　规律 guīlǜ 形　26
気に入る　看上 kànshàng　44
気分　心情 xīnqíng 名　8
希望　希望 xīwàng 名　20
希望する　希望 xīwàng 動　20
決める　决定 juédìng 動　2
気持ち　心情 xīnqíng 名　8
逆接・順接・並列の働きをする　而 ér 接　62
客間　客厅 kètīng 名　44
旧跡　古迹 gǔjì 名　14
教育する　教育 jiàoyù 動　32
教科書の本文　课文 kèwén 名　8
京都　京都 Jīngdū 名　14
興味がある　感兴趣 gǎn xìngqù　14
清水寺　清水寺 Qīngshuǐsì 名　14
嫌う　嫌 xián 動　62
きれいさっぱり　干干净净 gānganjìngjìng　44
気を遣う　操心 cāo//xīn 動　62
金閣寺　金阁寺 Jīngésì 名　14
銀閣寺　银阁寺 Yíngésì 名　14
口に合う　可口 kěkǒu 形　26
(話が) くどい　啰嗦 luōsuo 形　62
国の代表的な球技　国球 guóqiú 名　56
組　套 tào 助数　44
組になっている事物を数える　套 tào 助数　44
～ぐらい　～左右 ～zuǒyòu 方　26
暮らす　生活 shēnghuó 動　32
繰り上げる　提前 tíqián 動　8
(経済的に) 苦しい　困难 kùnnan 形　32
黒い髪の毛　黑头发 hēi tóufa　68
黒髪　黑头发 hēi tóufa　68
経験　经历 jīnglì 名　68
経験する　经历 jīnglì 動　68
経済的に援助する　资助 zīzhù 動　32
携帯する　带 dài 動　62
経歴　经历 jīnglì 名　68
結果　结果 jiéguǒ 名　38
結局　结果 jiéguǒ 接　38
結婚するよう催促する　催婚 cuī//hūn 動　62
決して～ではない　并不是 bìng bú shì　50
決定する　决定 juédìng 動　2
欠点　毛病 máobing 名　68
懸念する　担心 dān//xīn 動　8
健康診断　体检 tǐjiǎn 名　68

さ

た

な

日本の都道府県と都道府県庁所在地

北海道地方 Běihǎidào dìfāng	
北海道 Běihǎidào　札幌市 Zháhuǎng shì	
东北地方 Dōngběi dìfāng	
青森县 Qīngsēn xiàn　青森市 Qīngsēn shì	岩手县 Yánshǒu xiàn　盛冈市 Shènggāng shì
宫城县 Gōngchéng xiàn　仙台市 Xiāntái shì	秋田县 Qiūtián xiàn　秋田市 Qiūtián shì
山形县 Shānxíng xiàn　山形市 Shānxíng shì	福岛县 Fúdǎo xiàn　福岛市 Fúdǎo shì
关东地方 Guāndōng dìfāng	
茨城县 Cíchéng xiàn　水户市 Shuǐhù shì	栃木县 Lìmù xiàn　宇都宫市 Yǔdūgōng shì
群马县 Qúnmǎ xiàn　前桥市 Qiánqiáo shì	埼玉县 Qíyù xiàn　埼玉市 Qíyù shì
千叶县 Qiānyè xiàn　千叶市 Qiānyè shì	东京都 Dōngjīng dū　东京 Dōngjīng
神奈川县 Shénnàichuān xiàn　横滨市 Héngbīn shì	
中部地方 Zhōngbù dìfāng	
新潟县 Xīnxì xiàn　新潟市 Xīnxì shì	富山县 Fùshān xiàn　富山市 Fùshān shì
石川县 Shíchuān xiàn　金泽市 Jīnzé shì	福井县 Fújǐng xiàn　福井市 Fújǐng shì
山梨县 Shānlí xiàn　甲府市 Jiǎfǔ shì	长野县 Chángyě xiàn　长野市 Chángyě shì
岐阜县 Qífù xiàn　岐阜市 Qífù shì	静冈县 Jìnggāng xiàn　静冈市 Jìnggāng shì
爱知县 àizhī xiàn　名古屋市 Mínggǔwū shì	
近畿地方 Jìnjī dìfāng	
三重县 Sānchóng xiàn　津市 Jīn shì	滋贺县 Zīhè xiàn　大津市 Dàjīn shì
京都府 Jīngdū fǔ　京都市 Jīngdū shì	大阪府 Dàbǎn fǔ　大阪市 Dàbǎn shì
兵库县 Bīngkù xiàn　神户市 Shénhù shì	奈良县 Nàiliáng xiàn　奈良市 Nàiliáng shì
和歌山县 Hégēshān xiàn　和歌山市 Hégēshān shì	
中国地方 Zhōngguó dìfāng	
鸟取县 Niǎoqǔ xiàn　鸟取市 Niǎoqǔ shì	岛根县 Dǎogēn xiàn　松江市 Sōngjiāng shì
冈山县 Gāngshān xiàn　冈山市 Gāngshān shì	广岛县 Guǎngdǎo xiàn　广岛市 Guǎngdǎo shì
山口县 Shānkǒu xiàn　山口市 Shānkǒu shì	
四国地方 Sìguó dìfāng	
德岛县 Dédǎo xiàn　德岛市 Dédǎo shì	香川县 Xiāngchuān xiàn　高松市 Gāosōng shì
爱媛县 Àiyuán xiàn　松山市 Sōngshān shì	高知县 Gāozhī xiàn　高知市 Gāozhī shì
九州地方 Jiǔzhōu dìfāng	
福冈县 Fúgāng xiàn　福冈市 Fúgāng shì	佐贺县 Zuǒhè xiàn　佐贺市 Zuǒhè shì
长崎县 Chángqí xiàn　长崎市 Chángqí shì	熊本县 Xióngběn xiàn　熊本市 Xióngběn shì
大分县 Dàfēn xiàn　大分市 Dàfēn shì	宫崎县 Gōngqí xiàn　宫崎市 Gōngqí shì
鹿儿岛县 Lù'érdǎo xiàn　鹿儿岛市 Lù'érdǎo shì	冲绳县 Chōngshéng xiàn　那霸市 Nàbà shì

中华人民共和国
Zhōnghuá Rénmín Gònghéguó
乌鲁木齐
Wūlǔmùqí
新疆维吾尔自治区
Xīnjiāng Wéiwú'ěr Zìzhìqū
宁夏回族自治区
Níngxià Huízú Zìzhìqū
北京市
Běijīng Shì
甘肃省
Gānsù Shěng
银川
Yínchuān
西宁
Xīníng
青海省
Qīnghǎi Shěng
兰州
Lánzhōu
西藏自治区
Xīzàng Zìzhìqū
西安
Xī'ān
陕西省
Shǎnxī Shěng
四川省
Sìchuān Shěng
成都
Chéngdū
拉萨
Lāsà
重庆市
Chóngqìng Shì
贵州省
Guìzhōu Shěng
贵阳
Guìyáng
昆明
Kūnmíng
云南省
Yúnnán Shěng

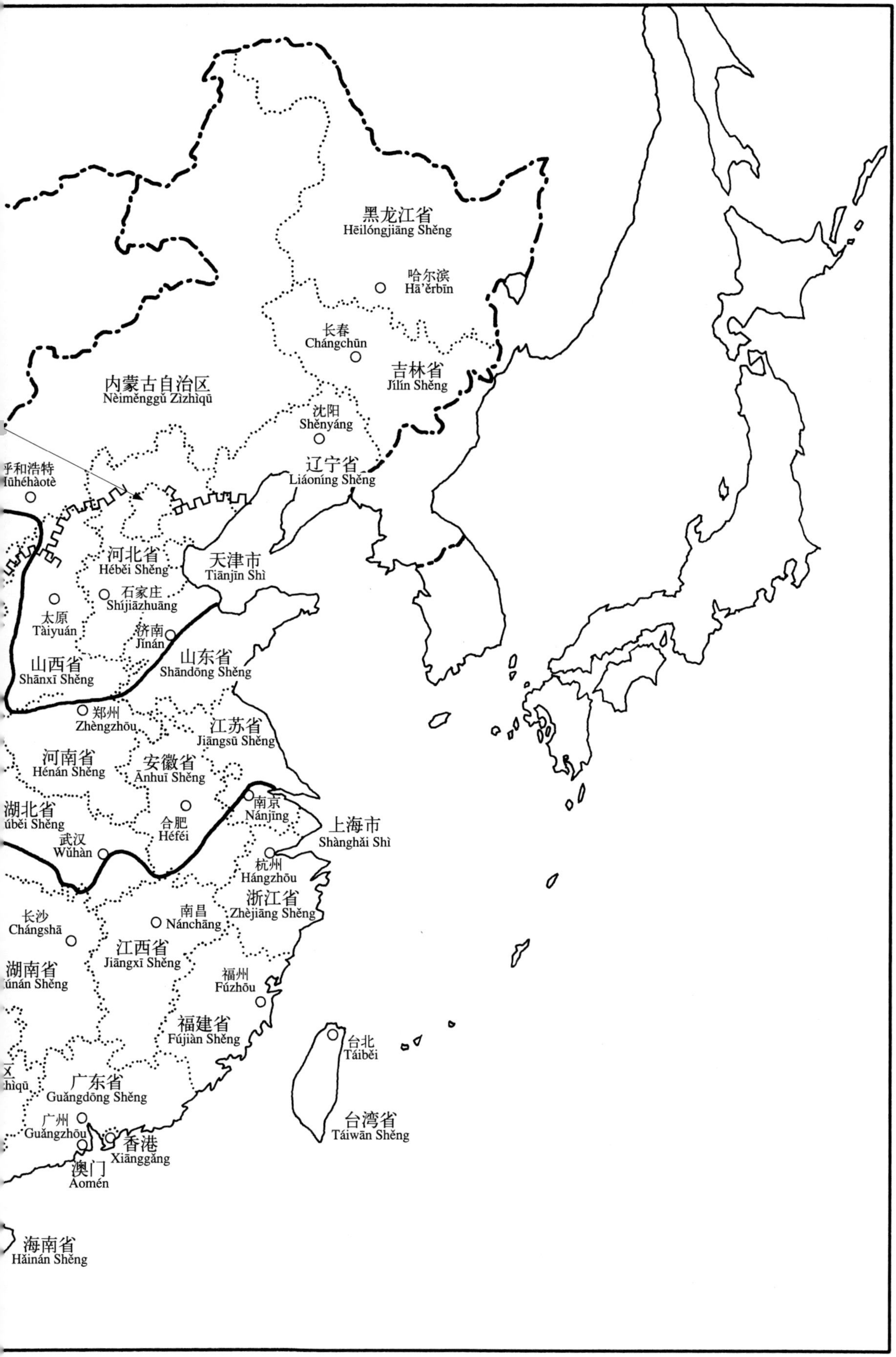
黑龙江省
Hēilóngjiāng Shěng
哈尔滨
Hā'ěrbīn
长春
Chángchūn
吉林省
Jílín Shěng
内蒙古自治区
Nèiměnggǔ Zìzhìqū
沈阳
Shěnyáng
辽宁省
Liáoníng Shěng
河北省
Héběi Shěng
天津市
Tiānjīn Shì
石家庄
Shíjiāzhuāng
太原
Tàiyuán
济南
Jǐnán
山西省
Shānxī Shěng
山东省
Shāndōng Shěng
郑州
Zhèngzhōu
江苏省
Jiāngsū Shěng
河南省
Hénán Shěng
安徽省
Ānhuī Shěng
湖北省
南京
Nánjīng
合肥
Héféi
上海市
Shànghǎi Shì
武汉
Wǔhàn
杭州
Hángzhōu
浙江省
Zhèjiāng Shěng
长沙
Chángshā
南昌
Nánchāng
江西省
Jiāngxī Shěng
湖南省
福州
Fúzhōu
福建省
Fújiàn Shěng
台北
Táiběi
广东省
Guǎngdōng Shěng
广州
Guǎngzhōu
台湾省
Táiwān Shěng
香港
Xiānggǎng
澳门
Àomén
海南省
Hǎinán Shěng

著　者
王　学群（Wáng Xuéqún）
　元東洋大学教授
白石裕一（しらいし　ゆういち）
高　麗貞（Gāo Lìzhēn）
　千葉商科大学非常勤講師
金　茵（Jīn Yīn）
小路口ゆみ（こじぐち　ゆみ）
　東洋大学非常勤講師
蔡　娟（Cài Juān）
　明治大学兼任講師
新田小雨子（にった　さよこ）
　早稲田大学非常勤講師

音声DL　資格を目指す実践中級中国語

2023年11月10日　初版発行
2024年10月10日　第2刷発行

著　者　王学群・白石裕一・高麗貞・金茵・小路口ゆみ・
　　　　蔡娟・新田小雨子
発行者　佐藤和幸
発行所　株式会社　白　帝　社
〒171-0014 東京都豊島区池袋 2-65-1
TEL 03-3986-3271　FAX 03-3986-3272
info@hakuteisha.co.jp
https://www.hakuteisha.co.jp/
装丁・本文デザイン・イラスト　中野多恵子
印刷・製本　大倉印刷株式会社

Printed in Japan　〈検印省略〉6914　ISBN 978-4-86398-580-3
＊定価は表紙に表示してあります。